Von Sekretärin bis Schamanin

Astrid Marx

Von Sekretärin bis Schamanin

Mein Weg zur Einheit

pagina

Inhaltsverzeichnis

1950–1975
1. Der Tag, an dem mein Ehemann starb — 9
2. Vorher – Von einem braven Mädchen zur Sekretärin — 14
3. Danach – Die Trauer — 18

1976–1990
4. Wer bin ich? — 23
5. Spiritualität — 32
6. Reinkarnation — 40
7. Australien — 43
8. Das Ritual — 54
9. Schamane? — 62

1991–2000
10. Visionssuche — 77
11. Vancouver und der Brüllende Berg — 90
12. Sedona und Seelenschwester — 96
13. Katharer — 104
14. Der Heilige Berg — 113
15. Stille und der Südwesten — 123
16. Drummer und Krieger — 132
17. Vollendung der Visionssuche und Initiation — 146
18. Vancouver und Eckhart Tolle — 154

2001–Heute
19. Zurück in den Niederlanden — 167
20. Zeitgemäße Schamanin — 171
21. Wer ich bin und wie es weitergeht — 191

1950–1975

1. Der Tag, an dem mein Ehemann starb

Als ich mit meinen Kollegen während unserer Kaffeepause herumfeixte, rechnete ich nicht damit, dass eine Stunde später meine ganze Welt zusammenbrechen und niemals mehr dieselbe sein würde. Und dennoch …

Ein Jahr zuvor hatte ich einen Traum. Ich träumte, ein Polizist käme an meinen Arbeitsplatz, um mir eine verheerende Nachricht zu überbringen. Nun, als ich an diesem Morgen in das Büro des Direktors gebeten wurde, erwarteten mich bereits zwei Polizisten, die ihre Mützen in der Hand hielten. Ich wusste sofort, dass etwas Fürchterliches geschehen sein musste. Ich erstarrte, mein Herz und Magen spielten verrückt. Ich stammelte:
„Mein Mann ..."
„Ja", nickte der Älteste von beiden.
„Ist er tot?"
„Ja."
Mein Körper reagierte, er begann grausam zu beben, meine Beine gaben nach, ich griff nach einem Sessel.
„Sind andere Menschen betroffen?"
„Nur der Trucker, der ihn erfasst hat. Er steht unter Schock, ist aber nicht verwundet."
Ich musste mich setzen, versteinert, fassungslos. Ein Nebel umgab mich. Von weit her hörte ich jemanden fragen, wen man anrufen könnte, um mich abzuholen.
„Karla".
Als sie eintraf erklärte ich ihr:

„Sie sagen mir, Peter sei tot, aber natürlich kann das nicht wahr sein."

Wenig später führte mich Karla aus dem Büro. Innerhalb kürzester Zeit hatte sich meine Welt komplett geändert. Von allen Seiten her spürte ich die Blicke der Menschen, die mich anstarrten und bemitleideten. Ich war für sie eine andere Person, nicht länger die Sekretärin, aber eine Außenseiterin, eine „Paria".

Für einen kurzen Moment lichteten sich die Nebel und ich konnte fühlen, was geschehen war; es war erbärmlich, fremd, einsam und kalt, ein klaffendes schwarzes Loch, das sich geöffnet hatte. Es war unmöglich für mich, dagegen anzukämpfen. Meine inneren Sicherheitsventile begannen zu arbeiten und errichteten unverzüglich eine dicke Schutzwand um mein Herz. Mein Körper zitterte immer noch, mein Verstand war komplett betäubt, mein Kopf fühlte sich an, als ob er in Watte gewickelt sei. Ein Zustand, in dem er eine lange, lange Zeit verharren würde.

Karla rief ihren Ehemann an, um uns beide abzuholen. Ich bat ihn, mich zu meinem Hausarzt zu fahren, denn ich erinnerte mich, dass ich einen Termin hatte. Ich klammerte mich an den Empfangstresen, meine Beine versagten mir, mich weiter zu tragen. Wir wurden unverzüglich ins Behandlungszimmer geführt. Nicht ein Wort von dem was er sagte erreichte mich. Dann brachten sie mich nach Hause. Karla blieb bei mir.

Zu Hause angekommen, lief mir ein kalter Schauer über die Haut, als mein Auge auf das Triptychon fiel, an dem Peter gearbeitet hatte. Es zeigte eine nackte männliche Gestalt, die an einer Straßenseite stand, trampend. Nichts war bisher vollendet, außer der Straße und einem kleinen Koffer zu seinen Füßen. Unheilvoll. Später schlug ich das Gemälde in Decken ein und brachte es auf den Dachboden; aus meinen Augen für viele Jahre.

Leute mussten angerufen werden. Ja, natürlich. Ich setzte mich hin, um diese meine Pflicht zu erfüllen. Ich traute mich nicht, diese Nachricht meiner Mutter am Telefon zu überbringen, denn sie hatte ein sehr inniges Verhältnis zu Peter, darum rief ich meinen Vater in seinem Büro an.

„Bist du alleine?"

„Nein."

„Sitzt du?"

„Ja."

„Peter ist tot und du musst es Mutter sagen, aber bitte sehr vorsichtig."

Pause.

„Wir kommen sofort."

Was in aller Welt sollte ich mit seinen Eltern anstellen? Peter hatte sich ganz bewusst dazu entschieden, sie nie wieder zu sehen, selbst seine geliebte Schwester nicht; da waren zu viele schmerzvolle Erinnerungen an seine traumatische Jugend. Ich rief seine Schwester an, sie begann zu weinen.

Und unsere besten Freunde, Hans und Sylvia. Als ich ihr die Geschehnisse berichtete, begann auch sie zu weinen. Ich war überrascht, dass Menschen weinen konnten …

Hatte ich auf seiner Arbeit schon angerufen, andere Freunde? Ich konnte mich nicht erinnern. Einige Wochen zuvor hatten wir Freunde in Bayern besucht. So rief ich auch diese an. Helga weinte ebenfalls. Während unseres Besuches hatte jemand zu uns gesagt, weil wir so großartig miteinander harmonierten, unsere Ehe schien wie eine Utopie.

Utopie. Das Wort hallte in meinem Geiste nach. War unsere Ehe wirklich eine Utopie gewesen? Kann sein. Andere Menschen bemerkten, wie einzigartig sie gewesen sein muss. Offenbar war unsere allumfassende Liebe zueinander für viele erkennbar.

Abwasch und Bettenmachen für Familie und Freunde war die „Realität" jetzt.

Die Nachricht sprach sich herum wie ein Lauffeuer und bald war ein Kommen und Gehen von Freunden, Nachbarn und Kollegen, die ihr Beileid ausdrücken wollten. So auch der Freund, mit dem Peter unser neues Haus baute; es war nun fast fertig. Der Gedanke daran war mir unerträglich. Dann kam Peters Boss. Er und seine Frau hatten einige Jahre zuvor ihre Tochter verloren. Seine Frau begann erst jetzt, den Verlust ihres Kindes zu betrauern und hatte damit damals eine wirklich harte Zeit. Ich wusste das. Er warf einen Blick auf mich und mein nervöses Lächeln und versuchte, auf mich einzureden:

„Um Gottes Willen, versuch zu weinen!"

Seine Worte waren die einzigen, die meine Mauer durchbrachen. Aber ich war nicht in der Lage, es mir zu erlauben.

Meine Eltern trafen ein, zusammen mit meiner Schwester. Karla überließ mich nun der Obhut meiner Familie. Es kam ein Anruf der Polizei. Mein Vater und meine Schwester erklärten sich bereit hinzufahren, um Peter zu identifizieren. Als sie zurückkamen, legten sie Peters Brieftasche und Uhr in einer Plastiktüte auf den Kaffeetisch. Hieß es, dass dies alles wirklich geschehen war? Peinliche Tränen stiegen in mir auf. Es war zu schmerzhaft, dies alles in Betracht zu ziehen. Hastig wurden seine Sachen vom Tisch entfernt.

Es wurde ein sehr befremdlicher Abend. Zum ersten Mal seit, wie mir schien, ewiger Zeit saßen die vier Mitglieder meiner Familie zusammen rund um den Tisch. Von allen Seiten bestand eine ziemlich große gegenseitige Distanz, aber in diesem katastrophalen Moment waren sie für mich da und unsere familiären Blutsbande erwiesen sich trotz allem als stark und beständig.

Es mussten nun Entscheidungen getroffen werden.

Krematorium oder Beerdigung? Ein Jahr zuvor, als ein Freund von uns starb, hatten wir noch darüber diskutiert. Wir beide wollten eine Einäscherung. Ich war dankbar dafür, dass dieses klar war.

Der Bestatter fragte mich, was ich mit der Asche vorhätte. Er musste diese Frage dreimal wiederholen; ich hatte es überhaupt nicht registriert.

Welche Musik wollte ich zur Bestattungszeremonie haben? Für die Antwort musste ich den mich umgebenden Schleier des Nebels zur Seite wischen, denn Musik war in unserem Leben immer von großer Bedeutung gewesen. Ich rief seinen besten Freund an. Nachdem mein Leben in dieser Nacht unwiederbringlich zerstört worden war, führte ich erstaunlicherweise eine ruhige und sachliche Unterhaltung mit ihm über die Musik und was sie für uns bedeutet hatte.

Zu jedem erdenklichen Moment des Tages hatte Peter Gitarre gespielt, sowohl zu Hause als auch auf der Bühne. Zuerst in einer Jazz-Band und später, als er sich beim Baseball den Daumen gebrochen hatte, in einer Rock-Band. Er und seine Gitarre waren unzertrennlich. Einer unserer Favoriten in dieser Zeit war die amerikanische Gruppe „Bread". Wir entschieden uns für ein Stück von David Gates *„Make it be yourself"*, denn Peter hatte aus eigener Kraft so viel im Leben erreicht. Wir sprachen von ihm bereits in der Vergangenheit.

Am Ende dieses irrsinnigen Tages zog ich meine Bilanz.
Es war Mittwoch, 12. Februar 1975.
Und ich war eine fünfundzwanzig Jahre alte schwangere Witwe!
Von jetzt ab würde sich mein Leben teilen in vorher und nachher.

2. Vorher – Von einem braven Mädchen zur Sekretärin

Als Kind betrachtete ich die Welt und wusste, dass da mehr war als das bloße Auge sehen konnte. Ich konnte es sogar spüren, die sensorische Wahrnehmung einer Atmosphäre, eine gewisse Spannung innerhalb und zwischen den Menschen. Energien, die in meinem eigenen Körper auf Resonanzen stießen. Ich wusste, da war eine Verbindung zwischen Mensch und Natur, dass alles denselben Kern hatte und miteinander verbunden war. Es war im eigentlichen Sinne nicht ein wirkliches Sehen oder bewusstes Wissen. Es kam aus meinem Innersten, eine innere Achtsamkeit, mit welcher ich in diese Welt hineingeboren war. Als Kind nahm ich es als selbstverständlich an und konnte es deshalb mit Worten nicht beschreiben.

Wenn wir geboren werden, wissen wir alle, woher wir kommen, jedoch schwindet dieses Wissen im Allgemeinen wieder sehr schnell, weil die Betonung in unserer westlichen Welt auf etwas Anderem liegt als auf spiritueller Wahrheit. Bei mir jedoch bestand das Bewusstsein um die Einheit weiterhin.

Mein Großvater war ein wahrlich interessanter Mensch. Von ihm fühlte ich mich verstanden. Ein großer, stattlicher Mann mit dunkler Haut und einem wunderschönen Kinnbart. Er strahlte eine charismatische Energie aus und es umgab ihn ein mystischer Schleier. Ich wusste, dass er einen ungewöhnlichen Beruf hatte, etwas Außergewöhnliches, ich wusste aber noch nicht genau, was es war. Jedoch war mir klar, dass er in meine Seele schauen konnte. Als ich vierzehn Jahre alt war starb er an einer Kohlenmonoxid-Vergiftung ohne dass er mir zuvor von seinen mysteriösen Einsichten hatte erzählen können.

Ich begann zu verstehen, dass Anderen in meiner Welt, mit Ausnahme meines Großvaters, nicht die gleiche Auffassungsgabe zuteilgeworden war. Sie verfügten über ihre eigenen Ansichten und Werturteile und verstanden nicht die zugrunde liegenden Verbindungen. Es war mir klar, dass es nicht gut war über das zu reden, was sie nicht sehen konnten. Außerdem wuchs ich in einer Familie auf, in der ich dazu erzogen worden war den Mund zu halten und nichts zu kommentieren, was ich wirklich sah. So versank der spirituelle Teil meiner Seele weitestgehend ins Unbewusste.

Wie viele Kinder, so wollte auch ich einer Gruppe zugehören. So wurde ich ein braves Mädchen und benahm mich dementsprechend wohlerzogen. Ein kleiner Teil von mir aber blieb wahrhaftig verbunden mit meinem höheren Selbst, indem ich mir meine eigenen Spiele ausdachte und voller Ehrfurcht vom Universum und den Sternen fasziniert war. Ich war überrascht, als ich in der Kirche vernahm, dass Gott nur durch Jesus erreicht werden konnte. Dieses passte nicht zu meinen eigenen Erfahrungen. War Gott nicht überall? Ebenso fand ich es befremdlich und überheblich anzunehmen, dass der Mensch die einzige intelligente Form des Lebens auf Erden sei. Ich spürte eine andere intelligente Gegenwart im Universum. Wie auch immer, ich hielt meine Meinung für mich. Die einzige Rebellion, die ich mir erlaubte, war, dass ich meiner Familie mitteilte, ich würde nicht länger dieses Standardgebet vor den Mahlzeiten aufsagen, das mir nichts bedeutete.

Offenbar merkte man mir mein „Anderssein" an, denn von früh an gab es Bemerkungen zu meinen Augen. Die Menschen fühlten, dass ich in sie hineinsah. Sie hatten Recht.

Neben der Introvertierten gab es auch eine Extrovertierte in mir, die im Mittelpunkt sein mochte und sich im Rampenlicht zu Hause fühlte. Ich fand einen Weg, um die Kluft dieser Gegensätze zu überbrücken, indem ich meine schauspielerischen Fähigkeiten nutzte. In der Grundschule während einiger Ausflüge und auf Parties spielte ich Gitarre und sang bis zur Spitze der höchsten Töne. Zu Hause inszenierte ich kleine Theaterstücke, in denen ich die Hauptrolle spielte.

Auf der Oberrealschule glich die alljährliche Theateraufführung einer professionellen Produktion. Während des Vorsprechens sollte ich darstellen, als wäre ich das erste Mal in einer Kathedrale. Damit hatte ich keine Probleme. Ich kehrte zu dem Platz in meinem Innersten, wo diese Information verborgen war, so war sie für mich leicht zu visualisieren und ich konnte darin umhergehen und meine Gefühle offenbaren. Ich wurde angenommen und spielte in jeder Produktion mit, über die gesamten fünf Jahre meiner Schulzeit. Wir bekamen Unterricht in Mimik und Aussprache und ich bekam privaten Unterricht in Gesang und Klavierspiel. Ich spielte mit Leib und Seele und wurde meist in Komikrollen eingesetzt. Es gab eine Berichterstattung in der regionalen Presse („Astrid Marx brachte die Leute zum Lachen") und einmal gingen wir auf Tournee.

Ich spielte mit dem Gedanken, eine Schauspielschule zu besuchen und diskutierte dieses mit unserem Theaterdirektor. Er sagte, dass ich eigentlich nur dann erfolgreich sein könnte, wenn ich aus meinem Innersten heraus den enormen Antrieb hätte zu schauspielern und das war überhaupt nicht der Fall. Als nächstes zeichnete er ein Bild vom Leben einer Schauspielerin mit vielen unregelmäßigen Arbeitszeiten und dann wusste ich ganz bestimmt, dass es nicht das war, was ich wollte.

Denn als ich sechzehn Jahre alt war trat Peter in mein Leben. Ich war total verliebt und wollte so viel Zeit als möglich mit ihm verbringen. Unsere erste Verliebtheit wandelte sich schnell in eine tiefe Liebe und Zuneigung und ich versuchte leidenschaftlich herauszufinden, wohin uns das wohl führen würde.

Deshalb entschied ich mich zu einem Sekretärinnenlehrgang, welcher derzeit einfach die Lösung war für Mädchen, die weder Lehrer noch Krankenschwester, oder in meinem Fall Schauspielerin, werden wollten. Es stellte sich heraus, dass es die richtige Entscheidung gewesen war. Ich war auch eine Macherin, die es verstand, Ordnung im Chaos zu schaffen und gleichzeitig viele Bälle zu jonglieren; äußerst nützliche Voraussetzungen zu einer guten Sekretärin. Die Fähigkeiten im Tippen und Kurzschrift waren stark gefragt und eine Arbeit war schnell gefunden. In einer meiner Anstellungen war ich Sekretärin für die niederländische Botschaft, damals noch in Bonn. Sobald die Routine einsetzte oder das Projekt lief, war der Spaß auch schon vorbei. Ich wechselte die Jobs recht häufig, was zu dieser Zeit nicht so üblich war, wie es heutzutage ist.

Ein großer Vorteil dieser Wechsel war, dass ich Menschen aus der ganzen Welt kennenlernte und es entwickelten sich feste Beziehungen, die, wie sich später erst herausstellen sollte, von großem Wert waren. Insbesondere mit einigen amerikanischen Fachleuten, die ihr Wissen an Kollegen der neu eingerichteten Produktionslinie für Dialysatoren vermittelten, wo ich arbeitete. Aus einigen dieser Kontakte entwickelten sich langwährende Freundschaften.

An einem wunderschönen Tag im August 1969 heiratete ich Peter, die Liebe meines Lebens. Überglücklich schwamm ich auf einer Woge der Liebe, meiner Arbeit, meinem Ehemann und einem Häuschen im Grünen, als die Katastrophe über mich hereinbrach.

3. Danach – Die Trauer

Bei der Einäscherungszeremonie kam ich mir vor wie eine Figur in einem surrealen Gemälde. Als ich in der Halle eintraf, war ich überrascht, dass sie überfüllt war mit Familie, Freunden und Kollegen; für einen Moment durchdrang dieser Anblick den Nebel, der mich umgab. Der Albtraum kehrte zurück, als ich mich in die erste Reihe setzte und mit ausdruckslosem Blick auf das Podium starrte, wo Peter in seinem Sarg lag. Ich konnte einfach die Tatsache nicht begreifen, dass er tot war.

Ich fühlte eine Verzweiflung, die sich noch steigerte, als eine Woche nach Peters Tod meine Schwangerschaft abgebrochen werden musste. Ich war im dritten Monat. Unverhofft war ich schwanger geworden, obwohl ich ein Diaphragma benutzt hatte. Wie sich herausgestellt hatte, war das Material fehlerhaft gewesen; es war vom Markt genommen worden, aber die Katastrophe war bereits eingetreten. Zu meinem blanken Entsetzen bedeutete dies einen Abort. Es war hart für mich, diese Entscheidung treffen zu müssen, aber das Verhütungsmittel würde das Baby schädigen und so fühlte ich, dass ich keine andere Wahl hätte. Mit einer soeben verwitweten, verzweifelten Schwangeren verstand das Personal im Krankenhaus nicht umzugehen und so riskierten sie es nicht, mich vollständig zu narkotisieren. Sie entschieden sich stattdessen zu einer sehr leichten Lokalanästhesie. Es wurde ein Horrorszenario. Das Kratzen in meiner Gebärmutter löste bei mir eine Panikattacke aus; ich wollte ihn festhalten, diesen konkreten Beweis unserer Liebe. Ich wurde ohnmächtig und durch einen Schlag ins Gesicht von einer Krankenschwester wieder zu mir geholt. Anschließend stellte man mich auf den Gang, das Bett mit allem Drum und Dran. Meine Mutter und ein Freund waren da, um sich um mich zu kümmern.

Ich verdrängte den Horror des Abbruchs. Peters Tod war so erdrückend, dass der Verlust unseres Babys einfach zu viel war.

Ich lief herum wie ein Zombie im wahrsten Sinne des Wortes. Ich lebte nicht in meinem Körper und mein Geist schien sehr weit entfernt; ein Gefühl, als ob diese Frau sich bewegte, sprach und handelte, ohne dass ich überhaupt daran teilnehmen konnte. Mir war, als wäre auch ich in dieser Kurve gestorben.

Trauer war zunächst nicht möglich. Ich stellte mir Gründe für Peters Abwesenheit vor, zum Beispiel, dass er auf Urlaub auf dem Balkan wäre. Immerhin wäre das erklärbar; nicht jedoch diese immense Leere. Wie auch immer, im tiefsten Inneren wusste ich, dass er nicht zurückkam und deshalb entfloh ich in 70stündige Arbeitswochen.

Die Zeit kam, dass ich in einer Nacht zu Peter sprach und fragte:

„Ich mache ein einziges Chaos aus meinem Leben: Kannst du nicht für einen kurzen Moment zu mir kommen?"

Da kam eine Antwort:

„Ja, aber ich werde nicht sprechen."

Und da stand er, neben meinem Bett. In Lebensgröße. Durchsichtig. Umgeben von Licht. Sehr tröstlich. Nur für einen Moment.

Meine Schutzwand, die ich am Tage seines Todes errichtet hatte, blieb jedoch weiterhin bestehen. Da war ein ständiges Schreien in meinen Ohren und ich hatte das Gefühl, dass, wenn ich jemals diesem Schrei nachgäbe, ich total durchdrehen würde. Mir war eiskalt und ich fühlte mich wie abgestorben, sowohl innerlich als auch äußerlich. Ich wagte es nicht, länger in den Spiegel zu schauen aus Angst vor dem Blick in meine Augen: trübe und leer.

Die Bäume auf der schmalen Landstraße, dem Weg zu meiner Arbeit, wurden für mich zur täglichen Herausforderung. Meine Hände umkrampften das Lenkrad, um mich davon abzuhalten in sie hinein zu fahren, hinein in eine vermutete glückselige Vergessenheit. Die Bemühung am Leben zu bleiben verursachten mir Kopfschmerzen, Ohnmacht, Magenschmerzen und schlaflose Nächte.

An einem Tag im August 1978, ohne offenbaren Grund, zerbrach etwas in mir. In einem Dunstschleier lief ich in die Küche und nahm ein langes Fleischermesser. Meine Beine wankten und das Messer wiegte sich in meinen Händen, bevor ich es an meinem Handgelenk ansetzte. Wie ein Wirbelwind kam meine Nachbarin hereingestürmt. Sie hatte mich durch das Fenster beobachtet. Sie schoss durch die Küche und entriss mir das Messer. Ich schaute sie ganz benommen an.

Dann war da ein kristallklarer Moment, in welchem es schien, als sei ein Vorhang zur Seite geschoben und ich konnte die Unendlichkeit und Einheit der gesamten Schöpfung erkennen, jenseits aller Persönlichkeit. Ein kurzer Augenblick der Stille, Liebe und des Lichts. Eine Kraft, größer als das Selbst, entschied auf der Schwelle zum Tod für das Leben.

Der Vorhang schloss sich wieder. Es blieb ein Gefühl von Demut und Lebhaftigkeit zurück, und eine Ahnung von einem Weg zurück zur Harmonie. Nicht länger diese vernichtende Teilung von Körper, Geist und Seele. Ich brauchte nur die helfenden Hände zu ergreifen, die sich mir entgegenstreckten und welche ich für so lange Zeit einfach ignoriert hatte. Ich fühlte, dass ich bereit war zu kämpfen gegen den Tod, die Zerstörung, und für ein positives, ausgleichendes Leben in Freiheit.

1976–1990

4. Wer bin ich?

Sobald sich der Nebel nach dieser nahen Begegnung mit dem Tod auflöste, kristallisierten sich für mich zwei zeitlose, existenzielle Fragen zu meinem Leben heraus: „Wer bin ich?" und „Was ist der Sinn des Lebens?". Wer hat diese Tragödie eigentlich erfahren? Wenn ich so auseinandergerissen werden konnte, was ist denn mein Kern? Was ist mein authentisches Selbst? Falls ich nicht sterbe, wo kann ich denn den Mut und den Sinn am Leben zu bleiben hernehmen?

Das schlummernde Bewusstsein um die Einheit des Ganzen, die während meiner Jugend untergetaucht war, wurde in dem lebensmüden Moment wiedererweckt, als ich eine flüchtige Begegnung mit dem Übernatürlichen hatte. Was bedeutete es und was war der Unterschied zwischen dem Persönlichen, dem Unpersönlichen und dem Universellen?

All diese Fragen waren nicht leicht zu beantworten. Ich befand jedoch, dass es keinen Weg zurück zur Unwissenheit gab. Ich musste es herausfinden. Was sich da offenbarte, war ein natürliches Verlangen, um mein Leben in Freiheit zu leben. Die Freiheit, um zu sein, wer ich wirklich bin. Die Zwangsjacke der Anpassung, welche sich durch meine gesamte Kindheit zog, fühlte sich nun zu eng an. Ich wollte sowohl die Freiheit im Denken als auch im Handeln. Ich musste nun herausfinden, wie es weitergehen sollte und was meine Wahrheit war. Dazu war es erforderlich, dass ich zuerst auf meine Gefühle achtete und auf die Tyrannei meines Verstandes, auf die triebhaften, kontinuierlichen Kommentare und das Geschwätz im Hintergrund, vollgestopft mit Anklagen und Verurteilungen.

Mir wurde klar, dass ich für die Fragen auf persönlicher Ebene professionelle Hilfe benötigte. Die Gründlichkeit einer

Psychoanalyse schien mir ein guter Ansatz zu sein. Nach dem Aufnahmegespräch ging ich zu einem Psychiater, der mich zu unserem zweiten Termin fragte:

„Ich verstehe nicht ganz. Wenn Sie in so hohen Tönen von Ihrem Mann schwärmen, warum haben Sie sich dann von ihm scheiden lassen?"

Ich war aufgebracht; er hatte weder mir zugehört noch hatte er seine Hausaufgaben gemacht. Und dann war ich mit ihm fertig.

Bei meiner weiteren Suche fand ich einen Therapeuten, mit dem ich äußerst wertvolle Sitzungen erlebte. Nach einem Jahr jedoch verstarb er unerwartet in Folge einer Herzattacke im Alter von nur sechsunddreißig Jahren. Vollkommen geschockt erlebte ich für eine kurze Zeit dieselben Symptome wie zu Peters Tod. Eine Welle von Gefühlslosigkeit, Zittern und Unglaube, gefolgt von unendlicher Traurigkeit. Seine Beerdigung war außergewöhnlich: Hunderte von Menschen folgten dem Sarg einige Kilometer von der Kirche bis zum Friedhof zu Fuß. Der Verkehr stoppte und für einen Moment stand die ganze Welt still.

Es half mir, dass ich als Sekretärin bei einem psychiatrischen Institut arbeitete und so war es mir möglich, als Mitarbeiterin an psychomotorischen Workshops teilzunehmen, eine experimentelle und körperorientierte Form der Psychotherapie. Ich hatte schon davon gehört: menschliches Verhalten wird in symbolischer „Struktur" wiederholt, indem man diese Strukturen von Körper, Geist und Seele den Klienten über Rollenspiele bewusst macht.

Ich hatte mir vorgenommen, dass ich es auf meine Art und Weise tun wollte und glaubte, dies würde die ideale Vorgehensweise sein, um mich wirklich von Peter zu verabschieden. Als ich dann an der Reihe war, erwähnte ich dieses und meine „Struktur" war von daher bereits klar. Ich wählte jemanden aus, der Peter darstellen sollte und pickte mir dazu passende Personen aus, die einmal die wirklichen und zum zweiten die idealen Vater, Mutter und Schwester verkörperten. Diese wurden vor mir platziert. Ich gab ihnen einige Schlagworte für ihre Rollen. Meine Körpersprache und Gestiken boten diesen Spielern zusätzliche Informationen zu den verborgenen und unbewussten Mustern in meinem Leben. Ich fing zum Beispiel an zu weinen, weil ich mich machtlos und schwach fühlte. Aber als die hinter mir stehenden Assistenten mir meinen Nacken und Rücken mit ihren Händen unterstützten, setzte sich eine große Menge Energie frei und ich musste erkennen, dass ich überhaupt nicht so machtlos war, wie ich selbst angenommen hatte.

Mir wurde klar, dass ich es nicht erzwingen konnte, mich endgültig von Peter zu verabschieden. Zu meiner Enttäuschung stellte sich heraus, dass dies wohl ein zu großer Schritt war. Ich hatte erhofft, dass dieser Abschied mich leichter akzeptieren ließ, von nun an alleine zu sein. Wie auch immer, ich wurde mit meinem Leben konfrontiert, in dem ohne Peter eine gewisse Leere immer Bestand haben würde. Ich erkannte, dass mein Geist es wohl tolerierte, mein Herz war aber noch nicht bereit dazu. Aus diesem Grunde löschte ich meine „Struktur" und für den Rest dieser Zeit arbeitete ich an dem Verhältnis zu meiner Familie; eine gut genutzte Alternative.

Für mich war es das erste Mal, dass ich in einer therapeutischen Gruppe war und ich fand es sehr aufschlussreich feststellen zu können, dass die meisten Menschen mit ähnlichen Ängsten, Bedürfnissen und Konflikten kämpften. Dieser Gedanke führte dazu, dass ich mich ihnen mehr und mehr verbunden fühlte.

Diese Erfahrung brachte mich zu der Einsicht, dass Gefühle und auch die innere Überzeugung eine physische Komponente hatte. Das war der Grund, warum ich mit großem Interesse der Geschichte einer Freundin lauschte, als sie vom „Pakhuis Amerika" in Amsterdam erzählte, einer therapeutischen Gemeinschaft, wo man mit Bio-Energie arbeitete, eine Sprache des Körpers, um seelische Probleme zu heilen. Hier betrat man Neuland.

Ich war neugierig und meldete mich für einen Einführungstag an. An einem ruhigen Sonntagmorgen erschienen außer mir zwei Männer und eine Frau. Wir begannen mit Bewegungstherapie. In Sportkleidung gingen wir in einen großen Raum in der ersten Etage mit einem wundervollen Blick über einen Kanal, und für mehr als eine Stunde übten wir mit verschiedenen Bewegungsabläufen unseren Stress abzubauen. Jeder schnaufte und keuchte. Meine ganze Wahrnehmung war auf meinen Körper fokussiert. Zwei Übungen sprachen mich ganz besonders an: eine, wobei wir eine große Geste mit unseren Armen machten und laut schrien: „Ich will mehr Raum!"; die andere, wo wir unsere ausgestreckten Arme energisch nach vorne drückten und schrien: „Nein!". Aggression kam auf. Ich krümmte meine Finger und spürte mein von Groll verzerrtes Gesicht. Diese Übung dauerte ungefähr dreißig Minuten und die Intensität der Emotionen ebbte ab.

Nach dem Mittagessen wurde eine Matratze in der Mitte des Raumes ausgebreitet und wir wurden aufgefordert, individuell zu arbeiten. Wir begannen mit der anderen Frau, die ihrem Ärger Luft machte. Ich spürte, dass mein eigener Zorn wieder hochkam und als sie fertig war, sagte ich es der Gruppe. Der Leiter der Gruppe, Fred, forderte mich auf, aufzustehen. Er stapelte einige Kissen auf und gab mir einen Tennisschläger, damit ich auf die Kissen einschlug. Nach ein paar Hieben katapultierte ich mich in eine unerhörte, gigantische Rage. Ich schrie und rief und grölte. Ich kämpfte mit und gegen den Tod. Das zugrundeliegende Gefühl war: „Du nahmst mir meine Liebe weg" und „Du wirst mich nicht unterkriegen". Es schien, als würde dieser Kampf ewig andauern. Auf einmal wurde ich sehr müde und weinte mich an Freds Schulter aus. Dann beruhigte ich mich wieder. Er fragte mich, wer gestorben sei. Ich erzählte ihm von dem Gefühl der Kälte und des Beraubtseins um die Möglichkeit, mich von Peter verabschieden zu können, nur ein Kuss auf sein Haar in der Leichenhalle. Es sprudelte nur so aus mir hervor. Fred sagte:

„Du solltest öfter weinen."

Ich erwiderte, dass es einfacher sei, zornig zu werden und ging zurück auf meinen Platz, etwas beschämt über den für mich ungewöhnlichen Ausbruch. So etwas kannte ich an mir nicht. Einer der Männer sagte:

„Du hast mich zu Tode erschreckt."

Aber bald fühlte ich mich wie eine schnurrende Katze, warm, flauschig und zufrieden.

Der nächste Tag brachte eine Welle von Energie, welche den Weg für den schwierigsten Teil im Prozess der Trauer frei machte: das Gefühl der Wut Peter gegenüber („Du hast mich verlassen!"). Es war eine Erleichterung, in der Lage zu sein, dieses beim Namen nennen zu können. Nun erst fühlte ich, dass ich mit seinem Tod leben konnte; letztendlich akzeptierte ich.

***

Eine große Hürde war genommen und ich konnte mit meiner Selbstanalyse fortfahren. Ich entdeckte, dass Träume helfen konnten. Inspiriert durch die Arbeit von Carl Jung, legte ich mir ein Traumtagebuch zu. Diese aus meinem Unterbewusstsein auftauchenden Botschaften ermöglichten es mir zu erschließen, was ich bewusst nicht im Stande war oder mich nicht getraute zu erkennen. Zum Beispiel träumte ich meistens davon, festzustecken, ohne die Möglichkeit zu entkommen und im Stich gelassen worden zu sein. Ich war mir nicht bewusst, dass dies herausragende Themen meiner Psyche waren.

Ab und zu war da auch ein prophetischer Traum; der eine von Peters Tod stand leibhaftig in meinem Geist. Abgesehen von 08/15-Träumen, in denen ich die alltäglichen Vorgänge verarbeitete, träumte ich regelmäßig von einer mittelalterlichen Jungfrau, die einen kegelförmigen Hut mit Schleier trug; ich konnte das nicht interpretieren. Und da war ein wiederkehrender Albtraum, in dem es mir nicht möglich war, aus einem Labyrinth herauszukommen. Eines Nachts, bevor ich zu Bett ging, sagte ich bestimmend zu mir selbst, dass es mir diesmal gelingen würde und in der Tat, als der Albtraum kam, fand ich den Weg hinaus. Dieses Ereignis machte mir klar, dass ich Einfluss hatte auf das Entkommen in meinen Träumen und folglich auch auf meine eigene innere Verarbeitung. Es brachte mir ein Gefühl der Befreiung, welches von Dauer war.

Ich begann zu erkennen, dass ich das Leben vorwiegend aus einer positiven Sichtweise heraus anging. Das war soweit in Ordnung, jedoch bei näherer Betrachtung stellte sich heraus, dass ich die Tendenz hatte, Emotionen einfach wegzurationalisieren. Ich konnte mir nicht gestatten, Negativität und auch die Peinlichkeit von „schwierigen" Emotionen aufkommen zu lassen. Wenn ich also Fortschritte machen wollte, dann war es notwendig, den Mut aufzubringen, um auch einen Blick auf die Schattenseite meiner Selbst zu werfen. Die Arbeitsweise meines Geistes verstehen, war Teil dieses Prozesses. So nahm ich allen Schneid zusammen und lüftete den Deckel zu meinem Hirn, eine Kaskade negativer Gedanken freisetzend. Nach Aussagen der Wissenschaft sind mindestens siebzig Prozent unserer Gedanken negativ. Wie soll man damit umgehen? Als ich genauer hinsah, wurde mir klar, dass meine Meinungen und Urteile über Gefühle und Situationen durch Erinnerungen ausgelöst wurden; jede einzelnen Welle von ihnen.

Zuerst war ich sowohl alarmiert als auch verärgert. Dann begriff ich, dass meine Abwehrhaltung die Negativität nur verstärkte und ich übte mutig hineinzufühlen und dieses Durcheinander zu akzeptieren. Leichter gesagt als getan. Es war ein endloser Prozess des Lernens, um meine Ängste und Gefühle zu identifizieren, sie in meinem Körper zu lokalisieren, und herauszufinden, durch was sie einst ausgelöst worden sind. Wenn ich zum Beispiel auf eine Bitte hin etwas tat, selbst wenn mir nicht danach war, erkannte ich: „Oh, das ist der alte Wunsch, gemocht zu sein" oder wenn ich verzweifelt war, weil ich meinte ich hätte nicht genügend Geld, dann wusste ich: „Oh, dies ist die alte Angst, nicht genug zu haben oder nicht gut genug zu sein". Mir selbst erlaubend, diese Gefühle anzunehmen und hindurchzugehen, machte es möglich, sie gehen zu lassen, immer wieder.

Allmählich verlor dieser Zwang seine Kraft, das Gift löste sich auf. Der Zyklus der Beobachtung, des Durchlebens und Abebbens dieser Gefühle wurde kürzer und kürzer.

Dies erforderte bewusste und aufmerksame Gegenwärtigkeit. Ich begann ein Tagebuch zu führen und ich lernte die Meditation kennen (später werde ich mehr davon berichten).

Derweil bekam ich ein Bild davon, wie ich in meiner unharmonischen Familie funktionierte. Dieses Ergebnis machte es zwingend erforderlich, dass ich meinen Anteil an dieser Zerrüttung betrachtete und daran arbeitete. Hellingers Familienaufstellungen, die psychomotorischen und bio-energetischen Workshops, die ich besuchte, erhöhten allen das Verständnis und die Akzeptanz meines Familienmusters, und ich war in der Lage, meine eigene Verhaltensweise umzugestalten.

***

Manchmal hatte ich genug von der ewigen Selbstanalyse und wurde apathisch oder sehr müde. In diesen Momenten wunderte ich mich, warum die Suche nach meiner Authentizität für mich so wichtig war. Ich erkannte, dass dieser Drang durch die Tatsache angefacht wurde, dass während meiner Kindheit ein essenzieller, spiritueller Teil von mir gezwungenermaßen ins Unterbewusstsein verschwinden musste, um im unbeugsamen System meiner Familie überleben zu können. Während meiner Ehe mit Peter wurden mein Körper, mein Geist und meine Seele unbewusst wieder vereint, nur um nach seinem Tode wieder auseinanderzubrechen. Das Verlangen, mich wieder als Ganzheit zu fühlen und bewusst zu handeln, wurde wesentlich.

Die Arbeit und Energie, welche ich in die Selbstanalyse setzte, begann sich auszuzahlen: ein ziemlich vollständiges Bild meiner Selbst begann sich zu entwickeln, wenngleich ich fand, dass alleine zu leben und keine Resonanz im täglichen Einerlei zu erhalten, nicht förderlich war, um eine klare Idee zu bekommen. Zum Beispiel würde ich denken, ich sei meistens eine ruhige und freundliche Person und dann überraschte ich mich selbst, als ich mit irgendjemandem sehr ungeduldig war, der an der Kasse herumtrödelte oder sogar jemanden wegen Inkompetenz kritisierte. Das veranlasste mich herauszufinden, was mein Verhalten auslöste und wie ich ausgeglichener werden konnte. Es zeigte mir, wie wichtig Wechselwirkungen sind und dass mein Selbstimage ständig angepasst werden musste.

Ich entdeckte, dass meine Persönlichkeit sich aus einer Reihe sehr unterschiedlicher Charakteristika zusammensetzte, einige waren einfacher zu akzeptieren als andere.

- Ich bin sowohl introvertiert als auch extrovertiert. Das Paradox meiner Jugend hat sich bis in mein Erwachsensein ausgeweitet, sowohl das spirituelle „Mehr Sehen" als auch das diesseitige Handeln, sowohl genießen alleine zu sein als auch im Mittelpunkt der Aufmerksamkeit zu stehen.
- Ich bin sowohl naiv als auch intelligent. Manchmal bin ich geradezu kindisch, aber ich behielt auch den Enthusiasmus und die Neugier eines Kindes auf das Leben. Ich überrasche mich selbst und andere, indem ich komplizierte universale Themen verstehe und durch das Erfassen des Großen und Ganzen hinter dem, was sichtbar ist.
- Ich bin sowohl intuitiv als auch analytisch. Ich verlasse mich völlig auf mein Bauchgefühl. Es hat mich noch nie in die Irre geführt. Dies verwirrt meinen analytischen Geist. Der Steinbock in mir mag es, dass Geist über Materie triumphiert und die Dinge logisch sind. Dieser Teil von mir wird in Kreisen geführt über den Verlauf meines Lebens aber hilft auch die Bedeutung des Unmöglichen zu verstehen.
- Ich bin sowohl bedächtig als auch risikobereit. Ich schließe immer alle Türen ab und während einer Reise finde ich

eine Unterkunft bevor es dunkel wird; ich folge gewissenhaft meiner Intuition bevor ich einem Fremden vertraue. Gleichwohl habe ich keine Bedenken, blind meiner Nase bis ans andere Ende der Welt zu folgen oder mitten in ein verlockendes Abenteuer zu springen.
– Ich bin sowohl verletzlich als auch stark. Wenn ich angegriffen werde, fühle ich mich verletzbar und mir fällt es schwer, in einer persönlichen Konfrontation meinen Platz einzunehmen oder sogar zu wissen, wie ich dazu stehe. Gleichzeitig ist es schwer, mich zu verleugnen, wenn ich total entschlossen etwas bekommen möchte. Ich bin einfallsreich und habe die Eigenschaft, stets fest auf beiden Beinen zu landen.
– Ich habe etwas vom Charme und der Eitelkeit meines Vaters und die Ungeduld und den Fleiß meiner Mutter.

Mit meiner Ungeduld und dem Hang zum Ausweichen bei Konfrontationen bin ich nicht so glücklich, aber ich mag meine Spontanität und die Eigenschaft, leicht – oftmals langwährende – Kontakte herzustellen. Mit anderen Worten entdeckte ich, dass ich ein ganz gewöhnlicher Mensch bin.

Langsam aber sicher war mein Selbstbewusstsein aufgebaut und die Mauer, die mein Herz umgab, begann zu zerbröckeln. Es dämmerte mir, dass die Frage „wer ich bin" mehr beinhaltete als Talent, Gene und Umfeld; eine weitere Ebene wartete darauf, entdeckt zu werden.

5. Spiritualität

Peters Tod und mein Prozess der Trauerbewältigung hatten Auswirkungen auf mein Berufsleben. Ich wollte nicht länger eine Dienstleistungsposition als Sekretärin ausfüllen und begann zu untersuchen, welcher Beruf mich mehr begeistern könnte. Ich traf mich mit Hubert, einem Psychologen für Berufsberatung, der meine Neigung zur Spiritualität bemerkte. Er schlug vor, ich solle nach Esalen in Kalifornien gehen, einem Mekka der westlichen Spiritualitäts-entwicklung. Zu diesem Zeitpunkt fiel sein Hinweis bei mir nicht auf fruchtbaren Boden.

Aufgrund meines Organisationstalents landete ich stattdessen in einer Welt von Konferenzen und Events: hektische Vielfalt, Termine, ständige Bemühung um Details. Es waren ernsthafte Managementprobleme in der Tagungsagentur, wo ich arbeitete. Ich zog in Erwägung, auf den Vorschlag eines Kollegen einzugehen, indem wir die Agentur zusammen übernehmen wollten, in der Annahme, dass wir es besser machten. Es war ein ziemlich gewagtes Vorhaben und bevor ich irgendetwas entschied, wollte ich so viel wie möglich über die Zu- und Abgänge erfahren, um die Erfolgschancen einzuschätzen. Durch einen Bekannten hörte ich von einem Medium mit guter Reputation und ich entschied mich ihn zu konsultieren.

Woran ich mich erinnere waren seine Aussagen, die nichts mit der geschäftlichen Übernahme zu tun hatten. Als er sich auf mich fokussierte, stellte er zu meiner Verblüffung fest, ich sei hellsehend und -wissend. Er sah, dass das göttliche Bewusstsein sich aus dem Innersten meines Seins ausdrücken wollte und dass da eine Weisheit war, die nur darauf wartete, wiedererweckt zu werden. Er sagte mir, dass das Studium der östlichen Philosophie von Nutzen sei. Weiterhin empfahl er mir einen Blick in die Reinkarnation zu werfen, denn er sah, dass ich in einem vorherigen Leben in Australien gelebt hatte und als ein Katharer in Frankreich.

***

Seine Worte vermengten sich nahtlos mit meinem eigenen Erleben nach der Szene in der Küche, mit dem Messer an meinem Handgelenk, wo im nächsten klaren Moment, in welchem das Persönliche mit dem Universellen verschmolz, ich die Einheit alles Seins erkennen konnte. In diesem entscheidenden Moment trat nicht nur das Verlangen nach Freiheit zutage, sondern auch das innere Wissen um die direkte Verbindung mit dem Göttlichen. Es brachte ein heftiges Begehren mit sich, imstande zu sein, diese Erfahrung des Einsseins und der göttlichen Verbindung bewusst zu wiederholen. Ich war sowohl erstaunt als auch tief berührt durch die Tatsache, dass dieses Medium das Göttliche in mir erkannt hatte. Dies bestärkte mich dann umso mehr, das Unsichtbare zu entdecken. Die Übernahme der Agentur löste sich angesichts dieser neuen Erkenntnisse auf.

Es war ein glücklicher Umstand genau die richtige Person in meinem Leben zur Seite zu haben, welcher ich Frage um Frage stellen konnte über den Sinn des Lebens, das Göttliche und das Prinzip der Reinkarnation: meine Großmutter, die Frau meines geheimnisvollen Großvaters. Sie spielte eine wichtige Rolle in meinem Leben, besonders durch ihre Unterstützung, mit meiner Trauerbewältigung fertig zu werden und einen Weg heraus aus den aufgewühlten Emotionen zu finden. Sie war eine weise Frau, die die Menschen so nahm wie sie waren; ich empfand großen Respekt ihr gegenüber. Sie war Professor der niederländischen Literatur und Philosophie an der Universität von Amsterdam, hatte östliche Philosophie studiert, und wusste selbst von den Katharern. Es war wundervoll, die Bücher zu lesen, welche sie mir empfahl, um dann während langer Spaziergänge in den Heidefeldern mit ihr darüber zu diskutieren, gestärkt durch ihre Tassen heilsamer Suppen in ihrer duftenden Küche. Meine Großmutter lenkte meine Interessen in Richtung Metaphysik, frei übersetzt „hinter dem Stofflichen", der Philosophie, in welcher das Sein bis ins Unendliche erforscht wurde. Mich interessierte immer schon das, was hinter den Äußerlichkeiten aller Kreaturen und Phänomene lag. Daher war diese Sichtweise auf das Leben genau mein Ding.

Die Mystiker beeindruckten mich, besonders ihre Fähigkeit, sich dem Göttlichen zu überlassen und mit offenem Herzen zu leben; wie machten sie das? Und so versenkte ich mich hauptsächlich in die mystische Seite der Christenheit (z.B. Meister Eckhart), Judentum (Kaballah) und den Islam (das Werk vom sufischen Dichter Rumi). Ich war beeindruckt vom vielseitigen Geist der Hildegard von Bingen und der Barmherzigkeit des Eremiten Julian von Norwich. Ich las von der altertümlichen griechischen Philosophie (inklusive Plato und Aristoteles), der Anthroposophie (Rudolf Steiner) und der Theosophie (Madame Blavatksy), und bekam eine Kostprobe der keltischen Kultur.

Ich studierte verschiedene Bewegungen innerhalb des Buddhismus (wie Zen und Tibetische Variante) und Hinduismus (die Upanishad und Advaita Vedanta, von Non-Dualität). Ich begegnete ebenso dem Daoismus, las das wunderbar zeitlose Buch, das Tao Te King, welches sich als das meistübersetzte Buch der Welt nach der Bibel und dem Bhagavad Gita erwies. Es wird dem Meister Lao-Tzu zugeschrieben und beinhaltet weise Verse vom Nicht-Handeln, von der Hingabe, das Leben voll entfalten zu lassen. Zu dieser Zeit waren das schwierige Prinzipien für mich und meine Ungeduld.

*Kannst du mit deiner inneren Klarheit und Reinheit
alles durchdringen, ohne des Handelns zu bedürfen?
Erzeugen und ernähren,
erzeugen und nicht besitzen,
wirken und nicht behalten,*

> *mehren und nicht beherrschen:*
> *das ist geheimes LEBEN*
> Eine Interpretation eines Teils von Vers 10, Richard Wilhelm

All diese Informationen sammelte ich und wählte aus, was mich ansprach. Ich entdeckte, dass große Unterschiede zwischen organisierter Religion und Spiritualität bestanden, zwischen Dogma und persönlicher Erfahrung des Göttlichen. Die Unabdingbarkeit der absoluten Wahrheit unbeugsamer Ideen war nichts für mich. Diese Philosophien, die für mich neu waren, stellten sich als Sprungbrett zur tieferen Erkenntnis in das Sichtbare und das Unsichtbare, wie der Tao-Vers so wunderschön zu verstehen gibt.

Ich fand es ermutigend und vielversprechend zu erkennen, wie zeitlos und grundlegend identisch die großen Philosophien der Welt sind. Alle besagen in ihren eigenen Worten, dass wir die göttliche Wahrheit in uns selbst finden, wenn wir uns nur Zeit nähmen zur Versenkung, unser Herz dabei öffnen und uns dem Fluss des Lebens hingeben.

Mich irgendetwas hinzugeben, was mein Geist nicht kontrollieren konnte? Sehr ungeheuerlich, denn was wäre, wenn ich die Selbstkontrolle aufgeben würde und da wäre kein Netz mehr? Was wäre, wenn ich in eine endlose Angst oder Trauer verfallen würde, oder noch schlimmer, gar nichts finden würde? Und dennoch! Dennoch fühlte ich eine Resonanz und wusste zweifellos, dass dieses mein Weg war, den ich gehen musste. So stellte ich mich der Herausforderung. Dementsprechend fing meine spirituelle Entwicklung an, die eine lebenslange Praxis der Beobachtung und Verarbeitung, Meditation und Versenkung bedeutete. Eine Entfaltung, die keineswegs geordnet oder gleichmäßig verlief, eine Suche nach dem Unterschied zwischen dem persönlichen Selbst und dem universellen Selbst, nach allem, was jegliche Vorstellung übertraf.

***

Ich begann zu meditieren, um bewusster gegenwärtig zu werden und um zur inneren Stille in mir zu gelangen. Ich bediente mich verschiedener Meditationspraktiken, welche alle darauf abzielten, den Gedankenfluss zu stoppen oder zumindest zu entschleunigen. Ich wählte eine Variante, die am besten zu mir passte, eine Art Abkürzung. Ich sitze auf einem Sessel und nehme wahr, in welcher Weise mein Körper mich unterstützt. Ich nehme drei tiefe Atemzüge; beim ersten Atemzug sage ich: mein Körper entspannt, beim zweiten: mein Geist entspannt, und beim dritten: ich bin jetzt im „Alpha-Zustand". Es brauchte einige Übung, bevor ich tatsächlich in der Lage war, die Routine dieser drei Stufen zu beherrschen. Die beste Art und Weise meinen Körper zu entspannen ist, mich auf meinen Atem zu konzentrieren. In diesem Moment, wo ich diese drei tiefen Atemzüge mit voller Hingabe einnehme, kann ich die Verlagerung des Atems von meinem Brustkorb hin in das tiefe Atmen meines Bauches spüren. Wenn ich bewusst aus meinem Bauch heraus atme, dann habe ich oft das Gefühl eines Frühjahrsputzes; als würde ein Fenster meines Körpers und meiner Seele geöffnet und frischer Wind weht alle trüben Gedanken einfach fort.

Meinen Geist zu entspannen war weniger leicht. Sobald ich mich setzte um zu meditieren, tauchten Gedanken, Urteile und Gefühle auf. Dank meiner früheren Bemühungen, herauszufinden, worum es sich bei diesen Rührseligkeiten handelte und ihnen Raum zu geben, können sie sich nun zeigen, ohne dass ich mich zu sehr darin verwickeln lasse und nach einer Weile verflüchtigen sie sich dann.

Ich gehe in den „Alpha-Zustand" indem ich meine Augen schließe und meine Achtsamkeit nach innen wende. Ich habe gelernt, dass die Alpha-Wellen der Gehirnströme entstehen, wenn ich in einem entspannten, aber vollständig gegenwärtigen Geisteszustand bin. Der Meditationsprozess führt zu einem zeitweiligen Erleben von innerer Stille und entspannt mich schrittweise in die heiß ersehnte Seelenruhe.

***

In einigen spirituellen Traditionen werden der körperliche und der physische Aspekt des Lebens vernachlässigt oder sogar abgelehnt. Auch ich ging das Risiko ein, mich in das Ätherische und die Vernachlässigung des Physischen zu verwickeln, wenn mir auch bekannt war, dass Körper, Geist und Seele miteinander verbunden waren. Wie auch immer, letztendlich geht es im Leben darum, es tatsächlich zu leben und das Leben ließ mich prompt die Wichtigkeit dieser Dreieinigkeit erfahren. Und wie zuvor war sie in Begleitung eines Dramas.

In meiner Familie väterlicherseits gab es die Veranlagung zu Asthma. Ich war dagegen abgesichert bis zu dem Tage, als ich meine Katze einschläfern lassen musste. Es brauchte eine lange Zeit, bis sie einschlief und ich wollte unbedingt bis zu ihrem letzten Atemzug bei ihr bleiben. Diese Situation ließ die ganzen Erinnerungen an den Tag von Peters Tod und den Verlust meiner Schwangerschaft wieder aufkochen. An jenem Abend hatte ich eine physische Reaktion auf das Geschehene: ich wurde kurzatmig, was sich rapide verschlimmerte. Jedes Einatmen war ein Ringen nach Luft; ich registrierte, dass das Blut aus meinem Gesicht wich und alle Zellen meines Körpers schrien nach Sauerstoff. Ich fühlte mich wie ein Fisch auf dem Trockenen und war völlig verängstigt und erschöpft. Das Einzige, was ich noch tun konnte war, mich dem Zustand zu ergeben und als ich das tat, hatte ich ein mystisches Erlebnis. Ich war auf dem Tiefpunkt angelangt, nicht in der Lage, nach Luft zu schnappen, als Worte eines Gebetes in mir aufstiegen: „Dein ist das Reich und die Kraft und die Herrlichkeit." Es wurde wiederholt bis ich eine große Seelenruhe erreichte, die Angst vor dem Tode verschwand.

Ich wusste, ich benötigte Hilfe und rief eine Freundin an. Sobald sie mich sah, rief sie den Arzt. Er wies mich unverzüglich in ein Krankenhaus ein, wo man mich an eine Infusion anschloss und ich blieb für einige Tage.

Rückblickend war ich überrascht, dass ein Fragment vom Vaterunser erschienen war. Ich kannte es nur aus meiner Kindheit; es war kein Gebet, das ich tagtäglich betete. Von diesem

Tage an hörte ich den Satz: „Dein ist das Reich und die Kraft und die Herrlichkeit" in den Momenten, in denen ich ihn am wenigsten erwartet hätte, als Trost und Zuspruch, aber am meisten als Erinnerung an die Hingabe.

Die existenzielle Wichtigkeit des Atmens ist natürlich verständlich, aber zu dieser Zeit war es neu für mich, dass es auch in eine spirituelle Dimension führen konnte. Ich wollte wissen, wie ich bewusst die göttliche Einheit erfahren konnte, und sehet und staunet, voilà, die Antwort war so einfach wie bewusstes Atmen.

Mehrere Asthma-Attacken folgten, gewöhnlich in stressigen Situationen. Sie machten mir Angst und ich wurde vorsichtiger. Ich wagte keinen Spaziergang in den Dünen mit ihren steilen Hängen und ich vermied Stress jeglicher Art, um eine erneute Attacke zu verhindern. Während einer Massage bemerkte ich, dass ich die Luft anhielt, sobald die Hände der Masseuse in die Nähe meiner Lunge kamen. Das war verrückt; wenn ich so weitermachte, würde ich wie eine Treibhauspflanze werden. Irgendetwas musste geschehen.

Wie so oft in meinem Leben würde schon die richtige Person am richtigen Ort aufkreuzen. Dieses Mal war es ein Facharzt, der holotropisches Atmen in seine Praxis mit einbezog, eine Therapie, welche sich des Atmens und der Musik bediente, um die tiefen Dimensionen der Seele zu entdecken. Sein Fachgebiet erweckte mein Vertrauen und ich machte einen Termin.

Er und seine Frau, welche ihm bei seiner Arbeit assistierte, empfingen mich in einem eingefriedeten Garten, wo es zum Auftakt Tee und Gebäck gab, und nach Beantwortung seiner anfänglichen Fragen gingen wir ins Haus. Im Wohnzimmer lag eine Matratze auf dem Boden und man bat mich, mich hinzulegen; seine Frau saß zu meinen Füßen, er an meinem Kopf. Er kündigte an, dass wir mit einer Atem-Meditation durch alle Chakras beginnen würden, begleitet von passender Musik.

Ich konzentrierte mich auf mein erstes Chakra und atmete zum schnellen Rhythmus der Musik. Zu meiner Erleichterung war es einfach anzuspannen während des Einatmens und zu entspannen während des Ausatmens. Mein Bauch zitterte in hohem Tempo; meine Hände waren schwer und begannen zu prickeln. Dementsprechend wurden alle Chakras bearbeitet, vom ersten zum siebten und wieder zurück; das letztere mit anderer Musik. Alles ging gut, bis ich zum zweiten Chakra zurückkehrte; da war eine Blockade. Ich konnte mit dem einfachen Rhythmus des Ein- und Ausatmens nicht mithalten und musste mich selbst erinnern: einatmen, ausatmen, Bauch loslassen. Es ging nicht; ich hielt den Atem an. Dasselbe geschah mit dem ersten Chakra.

Ich fühlte, ich musste meinen Kiefer bewegen, selbst wenn es schwerfiel. Zuerst tat ich es, ohne einen Laut von mir zu geben, dann kam eine Art Geplapper heraus. Er drückte fest auf den oberen Teil meines Kiefergelenks, auf beiden Seiten. Das schmerzte. Dann drückte er wieder, sehr feste, direkt unterhalb meines Schlüsselbeines. Alles um mich herum wurde schwarz, ich schrie „Ooww!" Der Schrei wurde zu einem Rasseln im hinteren Teil meiner Kehle, welches sich anhörte wie der Schrei eines Babys. Ein Geburtsschrei. Es stellte sich heraus, dass ich eine Kiefersperre gehabt hatte, die Antwort meines Körpers auf die Anweisung, den Mund zu halten, eingedrillt in mich während meiner Kindheit. Einmal mehr eine Bestätigung, dass der Körper alle Erinnerungen abspeichert. Sanft wurde ich in die Gegenwart geleitet und man war mir beim Aufstehen behilflich.

Die Heilbehandlung war erfolgreich: Mein Kiefer blieb locker und – oh Wunder – das Asthma war verschwunden.

6. Reinkarnation

„Du hattest ein vergangenes Leben in Australien",
hatte das Medium gesagt. Befremdend genug, weil ich regelmäßig von diesem Kontinent geträumt hatte. Ich war weder jemals dort gewesen noch kannte ich irgendwen von dort, aber irgendwie fühlte es sich vertraut an.

Ich hatte bislang nicht über Reinkarnation nachgedacht, aber es war ein faszinierendes Thema. Es konnte eine Erklärung dafür sein, weshalb ich die Bücher von Nevil Shute über Australien verschlungen hatte; und ebenso für mein befremdliches Verhalten während ich die Trilogie des niederländischen Autors Anthony van Kampen über Mary Bryant las, eine Strafgefangene, die im 19. Jahrhundert nach Australien geschickt worden war. Mir wurde wiederholt übel, sodass ich das Buch ablegen musste.

Ich fand heraus, dass die Büchereien voll waren mit Büchern über Reinkarnation, der weitverbreiteten Lehre über Wiedergeburt einer Seele in einem anderen Körper, der menschlich sein konnte, tierisch oder spirituell. Wo die westliche Welt, insbesondere die Christen, vorwiegend die Reinkarnation verwarfen, ist sie im Osten ein integrierter Teil des Lebens.

Dorothy Gilman, Autorin der „Pollifax"-Abenteuer, die oft buddhistische Weisheiten in ihren Büchern einfließen ließ, gibt eine passende Beschreibung vom Unterschied zwischen dem Osten und dem Westen. In *„Zwischenfall in Badamya"* sagt einer ihrer Charaktere:

Welche Bürde lastet ihr Menschen im Westen auf Gott! Im Osten und in einem Großteil der Welt, wie ihr ohne Zweifel erkennt, wird angenommen, dass wir viele Leben durchleben, immer wieder zurückkehren auf diese Welt,

Konsequenzen und Verantwortlichkeiten aus vergangenen Leben mitbringen, um uns wiederzusehen und unsere Aufgabe zu meistern. Der Strom der Erfahrungen, welche wir „gut" und diese, welche wir „schlecht" nennen, kommen zu uns nicht durch Gott, sondern von uns selbst, von dem, was wir in der Vergangenheit gewesen sind und der Art, wie wir uns in der Gegenwart verhalten. Die Erde ist ein Ort an dem wir lernen dürfen, das ist alles.
Ihr im Westen malt Leben auf solch einer kleinen Leinwand. Wir im Osten sehen das Leben als einen langen, langen Kampf zu einem vollendeten Wissen, einem Umzug der Seelen, um Liebe, Hass, Mord, Selbstmitleid, Vergebung, Saat und Ernte, Schaffen und Vernichtung zu verkörpern, Sünder oder Heilige zu sein bis wir am Ende unseren Panzer durchbrechen zu dem Gott in uns.

Menschen wie Einstein und Schweitzer nahmen die Reinkarnation an und Goethe schrieb:

Wenn einer 75 Jahre alt ist, kann es nicht fehlen, dass er mitunter an den Tod denke. Mich läßt dieser Gedanke in völliger Ruhe, denn ich habe die feste Überzeugung, daß unser Geist ein Wesen ist ganz unzerstörbarer Natur; es ist ein Fortwirkendes von Ewigkeit zu Ewigkeit. Es ist der Sonne ähnlich, die selbst unseren irdischen Augen unterzugehen scheint, die aber eigentlich nie untergeht, sondern unaufhörlich fortleuchtet.
Goethe zu Eckermann am 2. Mai 1824

Nach genauerem Nachdenken befand ich, dass Reinkarnation ein logischer Prozess ist: ein Zyklus wie in der Natur, Tod und Wiedergeburt und Wachstum. Er ist unweigerlich verbunden mit dem Prinzip des Karma: was gelernt und getan wurde, beeinflusst das nächste Leben, oder „Dass, was du säst, wirst du ernten". Kompliziert und einfach gleichzeitig. Dies ist nicht die Zeit, um gründlich darauf einzugehen.

***

Zurück in meinen Alltag mit Rechnungen, Lebensmitteln und Verantwortlichkeiten, war ich jetzt Projekt-Managerin bei der Tagungs-Agentur. Unglücklicherweise entdeckte ich, dass mein persönliches Wachstum nicht genügend vorangeschritten war, um mir erlauben zu können, Managerin in glaubwürdiger und zugleich weiblicher Art und Weise zu sein. Stattdessen führte ich meinen Mitarbeiterstab mit scharfer Zunge. Das schockierte mich; ich spürte, dass ich gegen meine wahre Natur handelte. Mein Führungsstil stimmte nicht überein mit dem Bewusstsein, welches ich weiter erforschen und in mein gesamtes Leben integrieren wollte.

Als ich genauer hinsah stellte ich fest, dass es nicht meiner Berufung entsprach, eine Gruppe von Menschen zu managen. Als Konsequenz gab ich diese Position auf und fand einen Job, der in sechs Wochen beginnen würde, wo Führungsqualitäten nicht gefragt waren. Plötzlich hatte ich sechs Wochen Freiheit! Ich gehorchte meiner Faszination und Verbundenheit zu Australien und unverzüglich buchte ich einen Flug nach Sydney, der in einigen Tagen abgehen würde.

7. Australien

Wie Phönix, der aus der Asche aufstieg, so fühlte ich mich Ende 1986, als mein Flieger in den Himmel abhob. Ich fühlte mich beschwingt, als könne ich auf Wolken laufen. Zum ersten Mal brach ich eigenständig auf in die große, weite Welt, zu einer Reise nach Australien mit einem eintägigen Stop-over in Singapur. Ich stellte mich ein auf die vielen langen Stunden der Freizeit, die vor mir lagen.

Wegen eines vermuteten früheren Lebens in Australien saß ich nun in diesem Flugzeug, aber einmal angekommen, hatte ich keine Ahnung, nach was ich überhaupt Ausschau halten oder wie ich das Ganze nun anpacken sollte.

Das Einzige, was ich tun konnte, war, mich zu ergeben in das, was mir auf meinem Weg entgegenkommen würde, und meine Augen offen zu halten. Weil ich meinem Impuls zu dieser Reise spontan gefolgt war, hatte ich keine Möglichkeit gehabt, irgendwelche Buchungen zu machen und deshalb hatte ich lediglich ein Flugticket gekauft und einige Hotelgutscheine.

***

Eine junge Frau, die direkt neben meinen Großeltern gewohnt hatte, war nach Singapur gezogen. Bereits aus den Niederlanden hatte ich sie kontaktiert und wir verabredeten uns. Während der Taxifahrt zu ihrem Haus bekam ich einen Eindruck von diesem Stadt-Staat: etliche Wolkenkratzer, grün und sauber; äußerlich westlich mit östlicher Betriebsamkeit.

Willy stürmte heraus, als sie das Taxi kommen sah. Es war Jahre her, als wir uns das letzte Mal gesehen hatten, aber da war eine sofortige Wiedererkennung. Sie war jetzt 54, dynamisch und gutaussehend. Sie umarmte mich und lud mich in ihren großzügig ausgelegten Bungalow ein. Von diesem Moment an unterhielten wir uns nonstop, sprachen von Vergangenheit und Gegenwart und natürlich von unseren Familien. Es war interessant zu hören, wie sie sich an mich als Siebenjährige erinnerte, wie ich mit großen unschuldigen Augen in die Welt schaute.

Sie zeigte mir ihr Haus und ihren Garten und ich registrierte, ich war wirklich in den Tropen, als ich einen Gecko entdeckte, der eine Wand hinaufkletterte, einen Affen und eine Eidechse. Willy hatte für mich ein Programm arrangiert, welches den Lunch in dem niederländischen Club vorsah und einen Besuch bei ihrer Freundin Deborah, die eine Heilerin war.

Der Besuch im niederländischen Club war alles, was ich mir je vorstellen konnte: dekadent, mit verbeugenden Dienern, wogenden Palmen, Bougainvillea, kühlen Swimmingpools und einer Terrasse. Zu Ehren meiner Reise nach Australien hatte Willy eine Freundin herbeigetrommelt, die gerade zwei australische Hausgäste hatte. Wir verbrachten eine wirklich gesellige Stunde mit Lunch auf der Terrasse, die mit einem Wettpinkeln auf den vornehmen Toiletten endete. Die Australierinnen gaben mir ihre Adresse und drängten mich, sie zu besuchen.

Deborah war eine zierliche Frau um die Fünfzig. Wegen ihres Heilens und anderer alternativer Aktivitäten war sie ein Außenseiter in der Welt der Auslandsendsandten. Sie bot an, mir eine Aura-Heilung zu geben und geleitete mich in einen separaten Raum; die Katze folgte uns. Ich setzte mich auf einen Hocker und sie sagte:

„Schließ deine Augen und entspanne."

Nach der Ausgelassenheit beim Lunch fand ich es schwierig, in mich zu gehen, aber schrittweise beruhigte ich mich. Ich empfand ihre Hände als Wärmequelle auf meinen Armen und entlang meines ganzen Körpers. Es machte mich schläfrig und ich verlor jegliches Zeitgefühl. Nach einer Weile forderte sie mich auf, die Augen zu öffnen. Ich schaute durch einen Schleier und musste einige Male blinzeln, bevor ich klar sehen konnte. Sie sagte:

„Du bist eine alte Seele und du bist hellsichtig. Ich sehe eine endlose Treppe in den Himmel, was bedeutet, dass dieses hier dein letztes Leben auf Erden ist. Das Leben auf diesem Planeten gleicht einem Kindergarten; hiernach wirst du auf die Universität gehen."

Sie bemerkte auch, dass mein Großvater und andere Seelen anwesend seien.

„Du bist ein Instrument, mach so weiter; du bist offen und das ist gut so."

Hier war es wieder: hellsichtig! Zu dieser Zeit hatten ihre Worte, dass dies mein letztes Leben sein sollte, nicht viel Bedeutung für mich; später würde ich mich daran erinnern. Ich dankte ihr und auch sie gab mir Adressen von Leuten, die ich in Australien treffen sollte.

Zurück bei Willy saßen wir noch lange und sprachen von diesem denkwürdigen Tag. Unsere beiderseitige Gegenwart fühlte sich sehr familiär an, aber wir spürten, dass wir uns beide vielleicht niemals mehr wiedersehen würden.

***

Von Singapur aus flog ich in ein unbekanntes Land, wo ich, bis vor zwei Tagen, noch niemanden gekannt hatte. Auf dieser letzten Etappe meiner Reise saß ich neben einem Paar, australische Lehrer, die in den Blauen Bergen nahe Sydney lebten. Sie luden mich ein, sie zu besuchen. Nach diesen freundlichen Einladungen wurde auch die Isolation des australischen Kontinents offensichtlich. Kurz vor unserer Landung gingen Stewardessen durch die Gänge und besprühten uns mit stickigen desinfizierenden Sprays, um zu verhindern, dass irgendwelches Ungeziefer in dieses Land eingeschleppt wurde.

Die Landebahn wurde erst im letztmöglichen Moment durch eine dicke Wolkenschicht sichtbar. Was immer ich erwartet hatte von Australien, aber keine Ankunft in Regen und kaltem Wetter. Es war 19 Grad Celsius und es stürmte. Ich hatte mich auf sommerliche Temperaturen eingestellt und hatte keinen Mantel dabei. Durch den Zoll und eine dicke Schlange von Begrüßern – niemand da, der mich erwartete, natürlich – nahm ich den Bus zum Hotel in die Stadtmitte.

Wegen des unfreundlichen Wetters beschloss ich, im Hotel zu bleiben und Socken und einen Sweater aus meinem Koffer herauszukramen. Ich bereitete mir eine Tasse Tee, wusch ein paar Kleider und stellte die Adressen von den verschiedenen Schmierzetteln zusammen, schrieb, las und ging zu Bett. Diese vertrauten Aktivitäten gaben mir das Gefühl, dass ich wirklich gelandet war.

Die folgenden Tage waren ausgebucht mit Vorbereitungen für den Rest meiner Reise, Sehenswürdigkeiten – ja, die Oper war wundervoll und die Koalas im Zoo waren niedlich – und Treffen mit Aussies von meiner Liste. Zwischenzeitlich, mit der Reinkarnationsstory als Hintergedanke, schaute ich mich kontinuierlich um in der Hoffnung, dass ich irgendetwas Vertrautes sah, aber nichts dergleichen geschah.

Am Wochenende besuchte ich die beiden Lehrer in den Blauen Bergen. Die Zugfahrt von Sydney nach Springwood dauerte anderthalb Stunden und führte durch eine wunderschöne Landschaft von hügeligen, in der Tat blauen Bergen. Sie erwarteten mich am Bahnhof und brachten mich zu ihrem Haus, inmitten eines Waldes, wo sie mit ihren zwei Söhnen, vier Katzen und einem Hund lebten. Der Besuch verlief entspannt; wir lasen Zeitungen, unterhielten uns, kochten, aßen und schauten uns einen seltsamen Film *„Picknick am Hanging Rock"* an. Es stellte sich heraus, dass wir alle drei im Jahre 1950 geboren wurden und auch sie hatten ihre Wurzeln in Europa. Wir sprachen über unsere persönlichen Geschichten, Kultur, Literatur und über das Weltgeschehen. Ich war beeindruckt, dass sie mich total akzeptierten. Sie stellten mir nicht irgendwelche Fragen und luden mich in ihr Leben ein als wäre ich ein alter Freund der Familie. Sie gaben mir den Freiraum einfach ich selbst zu sein.

Am Sonntag nahmen sie mich mit zur Kirche, zu Freunden und Familie; wir fuhren durch die Gegend und gingen auf einem Pfad durch den Busch. Die Natur war unvorstellbar: farbenfrohe Vögel wie Papageien waren überall. Ein fremdartiges Tier kam herbei, einem Biber ähnlich mit dem Schnabel einer Ente und den Füßen eines Otters; es stellte sich heraus, dass es ein Platypus war, der nur in Australien vorkommt. Am Ende des Nachmittags brachten sie mich zum Bahnhof und wir vereinbarten, in Kontakt zu bleiben. Ich freute mich über diese Verbindung und den Einblick in eine australische Kleinstadt. Im Zug zurück nach Sydney konnte ich den Finger auf das unterschwellige Gefühl legen, welches mir das ganze Wochenende über bewusst gewesen war. Da war kein Déjà-vu-Erlebnis in Sydney, nicht einmal in Old Sydney Towne, aber in den Blauen Bergen erlebte ich ein Gefühl des Nach-Hause-Kommens.

***

Ich war auf meinem Weg nach Alexandra Hill, einem Vorort von Brisbane, wo ich eine Verabredung mit Marilyn hatte, einer hellsichtigen Freundin von Deborah in Singapur, um mehr über meine Faszination für Australien herauszufinden. „Warum bin ich hier", war die Frage, auf die ich hoffte, eine Antwort zu bekommen.

Im strömenden Regen war es nicht einfach, ihr Haus zu finden, darum rief ich sie an, um Anweisung zu geben und sie dirigierte das Taxi bis vor ihre Tür. Marilyn, ursprünglich aus Wales, wartete vor dem Haus auf mich und irgendwie war sie mir vertraut. Sie geleitete mich in einen großzügigen, hellen Raum, legte das Band, das ich mitgebracht hatte, in den Recorder ein und startete unverzüglich das Reading.

- „Ich sehe alle Arten von Wörtern um dich herum, eine Menge Geschriebenes; beschränke dich selbst nicht nur auf ein Tagebuch.
- Durchtrenne die Fäden zur Vergangenheit und du wirst vorwärts segeln wie ein Gallionsschiff.
- Du ziehst Menschen an wie Perlen auf einer Schnur durch deine Reisen und Treffen auf der ganzen Welt. Mithin sind sie indirekt miteinander verbunden. Sehr schön; das erste Mal, dass ich so etwas sehe.
- Du hast eine spirituelle Verbindung mit Amerika. Du fühlst dich daheim, wo Nordamerika und Kanada einander berühren und dort, wo die Totempfähle stehen.
- Du bist im Begriff umzuziehen, nicht direkt in eine andere Stadt, aber ein anderer Kontinent, der beste Umzug, den du machen kannst.
- Da sind zwei Seiten von dir: eine davon lebt in einem Zelt, die andere in einem Herrenhaus. Diese werden miteinander verschmelzen.
- Peter ist hier, aber es ist schwer für ihn durchzukommen, so schwierig, wie Zahnpasta zurück in die Tube zu drücken.
- Da sind Guides für dich, sie erleuchten dir den Weg. Du brauchst sie nicht zu suchen, sie sind einfach da.
- Du hast ein vergangenes Leben als Strafgefangene in Australien, um 1800. Du hattest kein schlechtes Leben und einen guten Pioniergeist. Australien war wirklich deine Heimat und sehr wichtig für dich."

Ich bat sie, mir mehr über ihre letzte Aussage zu erzählen. Sie sah, dass ich in 1805, als Sechzehnjährige, ohne ernsthafte Herausforderung, in England verurteilt worden bin und auf ein Boot nach Australien gesetzt wurde. Nachdem ich meine Zeit abgesessen hatte, heiratete ich einen Mann, der rund zwanzig Jahre älter war als ich, und ich hatte mit ihm drei Kinder. Ich war zufrieden, eine Pionierin, mein Haus war mir wichtig. Ich starb als ich dreiundvierzig war. Mein Name war Delma Bryant und ich lebte in den Blauen Bergen! Natürlich, ich erinnerte mich an meine Gefühle einige Tage zuvor während meines Besuchs in eben diesen Bergen und meine Reaktion auf die Bücher über Mary Bryant.

Ich dankte ihr. Derselbe Taxifahrer brachte mich zurück ins Hotel, wo ich unverzüglich das Band abschrieb. Alles, was sie gesagt hatte, würde wahr werden oder einen Einfluss ausüben, zum Beispiel ihre Aussage über die Guides, die den Weg erleuchteten. In kurzer Zeit war sie die Dritte, die meinen Weg gekreuzt hatte und mehr würden folgen.

***

Es wurde normal, in ein Taxi zu steigen Richtung Flughafen, einchecken, abheben, fliegen, landen: wie eine Fahrt mit einem Bus. Diesmal war ich auf einem zweistündigen Flug von Brisbane über Mackay nach Proserpine, um mir das Great Barrier Riff anzuschauen. Mein Grund, in diesen Kontinent zu reisen, mag unklar gewesen sein, wie auch immer, ich fand, dass ich Australien nicht besuchen könnte, ohne eines der größten Naturwunder dieser Welt gesehen zu haben.

Wegen schlechten Wetters konnte ich erst mit einem Tag Verspätung mit Air Whitsunday zu einer Sandbank nahe der Osterinseln fliegen, die durch die Ebbe freigelegt worden war. Von dem alten, klapprigen Flieger gingen wir auf ein Boot, welches uns nah an die Grenze des Riffs brachte. Zuerst wurde unsere kleine Gruppe darin unterwiesen, wie man auf der lebenden Oberfläche von Muscheln laufen konnte, ohne dass sich fremde kleine Tierchen auf einem festsetzten: Seegurke und Meerechsen, Muscheln, die sich schlossen, wenn das Licht wechselte, alles leuchtete in den brilliantesten Farben von lila und grün.

Es stellte sich heraus, das Schnorcheln die einzige Möglichkeit war, das Riff zu sehen. Ich hatte erst vor kurzem meine Angst vor dem Wasser überwunden, sodass es für mich keine leichte Aufgabe war, aber nach einem Crash-Kurs von fünf Minuten tat ich es trotzdem, wenn auch unbeholfen. Aber es war es wert. Wir kamen bald zu einer gewaltigen Tiefe. Es war, als würde man auf der Spitze eines Berges stehen und in das Tal hinunterschauen. Schicht um Schicht von zerklüfteten Korallen führte in einen Abgrund.

Unter uns war ein unvorstellbar farbenfrohes Spektakel von wellenden weichen Korallen, Schulen von kleinen und großen Fischen, ein gewaltiger Schwanz leuchtete auf. Unser Führer spielte mit einigen Fischen, es waren Clown-Fische; er winkte ihnen zu, sie kamen heran und schwammen wieder weg. Ich ahmte seine Bewegungen nach und die ganze Schule wiederholte ihr Spiel einige Male, ein unbeschreibliches Wechselspiel. Magische Momente, die endeten, als wir auf die andere Seite des „Tales" kamen, wo das Boot auf uns wartete.

***

Ich konnte nicht genau sagen warum, aber mich faszinierten die Aborigines und ihr Leben im Outback. Im Herzen dieses Kontinentes sollte ich in der Lage sein, irgendetwas von dem Leben aufzugreifen, welches dieses alte Volk führte. Deshalb nutzte ich ein Flugticket für eine Reise nach Alice Springs.

Vom Flugzeug aus sah ich endlose Weiten roter Erde, die sich erstreckten soweit das Auge reichte. In Alice Springs war es heiß und ich war glücklich, ein klimatisiertes Hotelzimmer zu haben. Am nächsten Morgen brachte uns eine Busfahrt von vierhundertvierzig Kilometern zum Ayers Rock, dem heiligen Berg der Aborigines, der nun bei seinem ursprünglichen Namen genannt wurde, Uluru.

Auf der Strecke belebten Kühe, wilde Pferde und Dingos die trockene, rote Landschaft. Die glühende Hitze schlug mir ins Gesicht, als ich an der Mount-Ebenezer-Haltestelle aus dem Bus ausstieg. In dieser unermesslichen Weite gab es lediglich eine Art Baracke, wo einige Erfrischungen verkauft wurden, und eine Toilette.

Plötzlich hörte ich ein rasselndes Geräusch und aus den schwelenden Hitzewellen erschien ein klappriger Truck und seine Ladefläche war voll von Aborigines. Sie sprangen herab und breiteten ihre Produkte aus bearbeitetem Holz auf dem Boden aus. Click Sticks und Figuren von Tieren wie eine Eidechse oder eine Schlange. Großartig in ihrer Einfachheit.

Es war meine erste Begegnung mit ihnen. Für mein westliches Empfinden wirkten sie geheimnisvoll, mit tiefsitzenden Augen, eine ungewöhnlich dunkle, lederartige Haut mit derben Bläschen, etwas schmuddelig und fremdartig, mit einem undefinierbaren Geruch. Ich kaufte einige ihrer Arbeiten von einer alten Frau, die zwar kein Englisch sprach, jedoch eine Art Kehllaut von sich gab. Ich war verzaubert von ihr, einer Repräsentantin eines Volkes, das mehr als 40.000 Jahre auf diesem Kontinent lebte.

Der Rest der Reise verdampfte in der Hitze. Als wir das Resort am Uluru erreichten, waren es 53 Grad Celsius. Meine arme niederländische Konstitution hielt dem nicht stand. Ich spürte, dass meine Lebenskraft und jedes Selbstbewusstsein von mir wichen, welches mit einer Pfütze auf dem Boden endete. Ich verlor auch meine Koordination, ich lief Dinge um und tastete umher; eine einzige unangenehme Sensation.

Dadurch war ich unglücklicherweise nicht in der Lage, die spirituelle Kraft des heiligen Berges wahrzunehmen, diesem beeindruckenden zweitgrößten Monolithen der Welt. Selbst die spektakulären Farben des Sonnenuntergangs verblassten in meinem Unwohlsein. Auf den anderen Touren während der nächsten Tage konnte ich mich nicht wirklich an der atemberaubenden Umgebung erfreuen, denn sobald wir aus dem Bus stiegen und an die Luft kamen, überfiel mich eine nie dagewesene Lethargie und ich hielt nur noch nach Schatten Ausschau, wie es auch einige andere Weißhäute taten. Das vorrangige Gefühl war, dass ich abreisen wollte.

Es gab einen Moment des Wiederauflebens, während wir die Petroglyphen von Maggie Springs besuchten. Die Eindrücke der Geschichten der traumhaften Zeit von den Aborigines berührten mich.

Ich verkürzte meinen Aufenthalt um einige Tage und war glücklich, im Bus zurück nach Alice Springs zu sitzen. An der Haltestelle in der Mitte von Nirgendwo tauchten die Aborigines wieder auf, wie Gestalten vergangener Zivilisationen. Diesmal kaufte ich eine Statuette von ihnen; wir kommunizierten meist mit Gestik. Ich war berührt von ihnen, als ob da irgendwo, tief innen, ein Erkennen war.

***

Hatte dieser Trip mir irgendetwas Konkretes gebracht? Nein, abgesehen von einer Anzahl von Kontakten, so glaubte ich.

Wie auch immer, die Vorstellung von Reinkarnation wurde handgreiflicher. Ich fand die Story von Delma Bryant und das vertraute Gefühl in den Blauen Bergen klärend. Und mit den Aborigines fühlte ich eine Verbindung. Später brachte ich mich selbst in Verlegenheit, als ich während einer Vorlesung vom Leben der Aborigines und dem Verlust ihrer Kultur in Tränen ausbrach. Jedes Mal, wenn ich etwas von ihnen hörte oder sah, berührte es mein Herz. Ich liebte die hölzernen Figuren, die ich gekauft hatte.

Zum ersten Mal war ich der Natur ausgesetzt, die überwältigend und lebensbedrohend sein konnte, unbekannt in meinem kultivierten, kleinen Ländchen, den Niederlanden. Es hatte etwas Primitives in mir erweckt. Mit Ausnahme der extremen Temperaturen appellierte diese prachtvolle unberührte Natur an mich. Ich wollte mehr davon erfahren.

Meine bedeutungsvollste Errungenschaft dieser Reise war sicherlich, dass ich mein seelisches Gepäck hinter mir lassen konnte. Niemand dort kannte mich oder meine Geschichte. Es war wichtig zu erkennen, dass die Menschen, mit denen ich in Kontakt kam, mich als genau die akzeptierten, die ich war. Alles war neu – Menschen, Umgebung, Situationen – und ich war dankbar festzustellen, wie ich damit umging; dass ich mich leicht anpassen konnte, außer im „Outback", und hatte Standvermögen im Hier und Jetzt bewiesen. Ich hatte eine unbefangene Version meiner Selbst vorgefunden, die ich aus meiner Zeit mit Peter kannte, aber das Gefühl der Freiheit war neu. Vielleicht wurde mir zum ersten Male bewusst, dass gerade das Ich-selbst-Sein mir seine süße Freiheit anbot. Dies war es, was ich gesucht hatte und nun, da ich erstmals davon gekostet hatte, stellte sich die Gewissheit ein, dass das Leben nie mehr dasselbe sein würde.

8. Das Ritual

Wieder zurück in meiner familiären Umgebung war es schwierig, die Aufgeschlossenheit beizubehalten, die ich in Australien erlebt hatte. Hartnäckige alte Verhaltensmuster wollten wieder die Oberhand gewinnen und manchmal waren sie auch erfolgreich. Aber im Bereich der Arbeit änderte sich eine Menge.

Der Job, der auf mich wartete, war die Assistenz eines politischen Lobbyisten, eine neue Arena für mich. Ich stellte fest, dass ich weder die Kungelei mochte noch den Lobbyisten. Einmal mehr begriff ich, dass es nötig war, mir selbst treu zu bleiben, inklusive meinem Arbeitsumfeld, darum kündigte ich nach einer kurzen Weile.

Dieses markierte das Ende meines Bürojobs; von jetzt an übernahm ich nur noch Projektarbeiten als Freiberufler. Ich packte alles an, was mir über den Weg lief. Ich vermietete herrschaftliche Villen für einen Makler an Auslandsentsandte und Diplomaten, nahm zeitweise Jobs als Sekretärin überall im Land an, realisierte PR-Projekte für verschiedene Firmen und einmal war ich sogar ein winziges Zahnrädchen hinter den Kulissen des North Sea Jazz Festivals.

Dies brachte mir eine gewisse Unabhängigkeit und gab mir die Möglichkeit noch tiefer in die existentiellen Fragen einzutauchen, die ich mir selbst stellte und worauf mir nun die Antwort zu dämmern begann.

Bevor ich jedoch fortfuhr, musste ich etwas ergründen, denn ein Aspekt von Marilyns Reading in Brisbane verfolgte mich. Als sie sagte, dass Peter durchkommen wollte, aber dass es so schwierig wäre als wolle man Zahnpasta zurück in die Tube drücken, fröstelte ich. Sie lachte bei seiner Aussage, jedoch fand ich es keineswegs amüsant. Und das plagte mich, denn ich dachte, der Kampf mit dem Tod an jenem Tag im „Pakhuis Amerika" in Amsterdam hätte meinen Trauerprozess abgeschlossen. Also warum diese Reaktion?

Ob ich wollte oder nicht, ich kapierte, dass ich auch in den energetischen Rest meiner Trauer schauen musste. Wie so oft nach einem plötzlichen Tod verweilte Peters Geist immer noch; er war um mich und mitunter machte er sich bemerkbar. Wir beide hatten eine unrealistische Situation hartnäckig beibehalten, aber um dies zum Abschluss zu bringen, waren rigorose Maßnahmen erforderlich. Wenn ich der Frage nachgehen wollte, wer ich wirklich bin, dann musste ich mich darauf einlassen.

Hier war die Kraft eines Rituals nötig. Einer meiner Bekannten war Pastor und weil er mit Ritualen arbeitete, suchte ich ihn auf, um mit ihm zu diskutieren, was wohl das Beste wäre. Das Ergebnis war, dass wir das Ritual der Einäscherung nochmals zelebrieren wollten: wörtlich, in einem Krematorium. Damals unterzog ich mich Peters Einäscherung wie ein Zombie. Zwölf Jahre später war es eine Chance, mich bewusst von ihm zu verabschieden und ihn in die andere Welt zu schicken.

Der Pastor und ich sprachen darüber, wie wir es angehen könnten und wer eingeladen werden sollte: Freunde von früher und heute. Ich benötigte für die Vorbereitungen sechs Wochen, und was theoretisch und therapeutisch begonnen hatte, wurde schnell zur Realität und zum intensiven Rückgang in der Zeit. Verborgene Emotionen wurden freigelegt und ich weinte viel, ein sehr heilender Prozess. Ich besuchte Freunde, um alle Details der Kremationswiederholung noch einmal durchzugehen und sprach mit ihnen darüber, welche Person Peter gewesen war.

Er war in einem Armenviertel geboren und hatte sich aus eigener Kraft hochgearbeitet. Einer seiner Lehrer erkannte seine Begabung und wählte ihn, zusammen mit einem anderen Schüler, aus, um eine Montessori-Hochschule zu besuchen, die ihn in eine total andere Welt einführte, in welcher er sich Zu Hause fühlte. Es stellte sich heraus, dass Peter sehr talentiert war; er hatte technisches Verständnis, konnte jedes Musikinstrument spielen ohne jemals Noten gelernt zu haben, war ein ziemlich guter Maler und Zeichner, seine Hände konnten alles fertigen was seine Augen sahen, er hatte ein preisgekröntes Wissen über Weine und ein ausgeprägtes Gespür für Finanzen. Er schaffte es, aus 100 Dollar innerhalb eines Jahres 100.000 Dollar zu machen. Er lebte sehr intensiv. Unsere Liebe zerbrach die harte Schale, die er um sich selbst herumgelegt hatte und er wurde offener und kommunikativer; man konnte auf Bildern den Vorher-Nachher-Effekt sehen. Mein bester Freund und ein wunderbarer Ehemann in jeder Hinsicht.

Er bekam seinen 15-Minuten-Ruhm, wenn er die Bassgitarre in seiner Band „Guess" spielte und mit seinem Foto in der „Cosmopolitan". (Für die erste niederländische Ausgabe machte die Fotografin Jutka Rona Fotos der einhundert attraktivsten Männer in den Niederlanden. Während eines Einkaufs wurde Peter ausgesucht, als einer von ihnen und widerstrebend ließ er sich ablichten. Ich freute mich wahnsinnig.) Auf vielen Beileidskarten schrieben seine Freunde, dass Peter ihnen lange in Erinnerung bleiben würde.

Meine Familie lud ich zur Zeremonie nicht ein, aber eine Woche zuvor hatte ich einer Cousine von meinen Plänen erzählt, als wir bei ihr zu Hause am Tisch saßen. Plötzlich spürten wir beide die Gegenwart unserer Großmutter und Peter. Zu meiner Linken sah ich zwei große Kugeln von Licht und fühlte eine Welle von strahlender Wärme an mir vorbeiziehen. Gerade in dem Moment ging die Lampe über dem Tisch aus! Wir schmunzelten nervös und trauten unseren Sinnen zuerst nicht. Dann sagte ich:

„Falls dieses bedeutet, dass sie hier sind, lass uns etwas zu ihnen sagen."

Sie sprach einige Worte zu unserer Großmutter. Ich sagte zu Peter:

„Meine Pläne sind keineswegs dazu gedacht dich zu verleugnen, aber ich möchte und muss meinen Lebensweg weiter gehen, dazu muss das Band, das uns immer noch verbindet, zum Guten für uns beide gelöst werden."

Ich hatte das Gefühl, dass meine Worte getroffen hatten. Noch eine ganze Weile saßen wir schweigend zusammen, bevor sie aufstand und das Licht anknipste; die Lampe leuchtete auf, als wäre nichts Ungewöhnliches geschehen.

Eine Woche vor dem, was mittlerweile „Das Ritual" genannt wurde, kam der Pastor zu meinem Haus und wir bauten einen Altar auf. Für Peter musste ein Symbol bezeichnet werden. Angesichts seines Todes schien mir das Gemälde, an dem er noch gearbeitet hatte, verhängnisvoll. Es portraitierte einen Anhalter auf der Seite einer endlosen Straße, die hinter dem Horizont verschwand; lediglich die Straße und der Koffer waren vollendet. Ich entschied, dass es sich als Symbol für Peter gut eignen würde. Wir holten das Gemälde aus dem Schrank und platzierten es auf dem Altar, zwischen zwei Kerzen. Ich nahm ein Foto von Peter aus einem Album, tat es in einen Rahmen und stellte es ebenfalls auf den Altar. Wir sprachen über die Rede, die ich halten wollte und gingen meine Auswahl der Musik durch, den ursprünglich verwendeten Song von „Bread" *„Make it by yourself"* und das *„Adagio"* aus dem Orgelkonzert von Albinoni. Der Pastor schlug vor, ein Musikstück auszuwählen, welches auf die Zukunft fokussiert war und ich wählte dafür das *„Hosanna"* aus Andrew Lloyd Webbers *„Requiem"*, wundervoll gesungen von Placido Domingo.

Der Schlüsseltag begann mit einem straffen Zeitplan alltäglicher Aktivitäten wie der Speisenzubereitung, die wir im Anschluss einnehmen würden – das „Teilen des Brotes" war ein bedeutungsvoller Teil dieses Rituals –, das Blumenarrangement beim Floristen und einen meiner Freunde am Bahnhof abholen. Als dieses getan war, trafen auch schon meine übrigen Freunde ein.

Ich wurde mir bewusst, dass ich mich in Details verwickelte und in den Regelmodus schaltete. Es fiel mir schwer, gegenwärtig zu bleiben angesichts der enormen Tragweite von dem, was geschehen würde.

Unsere Gruppe von acht Personen startete diese einzigartige Wiederaufführung. Ich lief voran mit Peters Gemälde unter dem Arm. Von meinem Appartement gingen wir in schweigender Prozession durch den Garten zu unseren Wagen, um im Verband zum Krematorium zu fahren.

Der Ablauf der Zeremonie – am Spätnachmittag – war so geplant, dass der Ofen des Krematoriums immer noch heiß sein würde. Ein grausamer Gedanke. Als wir ankamen, begann ich Instruktionen zu verteilen und schaltete zurück in meinen Betriebsmodus. Meine Freundin Anje bemerkte das, nahm mich zur Seite und sagte:

„Versuche es gehen zu lassen, ansonsten machen wir das hier alles völlig vergeblich; wir sind hier, um dich aufzufangen!"

Sie hatte recht, natürlich, und ich war dankbar für ihre Achtsamkeit. Ich nahm einige tiefe Atemzüge und ergab mich diesem Prozess. Der Abschied von Peter war im Begriff Wirklichkeit zu werden.

Im Krematorium wurden wir von einem Mitarbeiter begrüßt. Wir übergaben das Gemälde, das Musikstück und die Blumen und warteten im Foyer, bis man die Türen zum Versammlungsraum öffnete. Wir traten zu den Klängen des *„Adagio"* ein und setzten uns. Peters Gemälde und das Blumenarrangement standen auf einem Podest am Ende des Raumes. Hier war ich nun, wieder in der ersten Reihe, meinem toten Ehemann zugewandt, diesmal in symbolischer Form. Wie bei einer wirklichen Einäscherung sprach der Pfarrer einige Worte zur Begrüßung, als er dann mir das Wort erteilte. Ich stand auf und empfand, dass das Rednerpult zu weit entfernt war; ich entschied mich dafür seitlich von dem Symbol für Peter zu stehen und näher bei meinen Freunden. Meine Beine fühlten sich wie Spaghetti an; meine Hände zitterten dermaßen, dass ich meinte, mich an die Seiten meiner Rede klammern zu müssen, andernfalls würde ich kollabieren. Dies würde bedeuten, dass ich meine letzte Möglichkeit versäumen würde und so zwang ich mich gegenwärtig zu bleiben und hielt durch.

Liebe Freunde,
ich fühle mich geehrt, dass ich hier stehe und mir damit die Möglichkeit gegeben wurde, einen sehr schmerzlichen Moment in meinem Leben zu wiederholen. Damals konnte ich die rituelle Wichtigkeit dieses Moments nicht begreifen, geschweige denn die Ungeheuerlichkeit von Peters Tod. Ich brauchte eine lange Zeit, diesen Zustand zu durchbrechen. Meine Hoffnung ist, durch die sinngemäße Wiederholung dieses Rituals in meinem Leben nach vorne katapultiert zu werden.
Ich fühle mich geehrt, dass ich hier stehe, dass mir die Menschen gegeben wurden und das Symbol und die Zeit, dieses zu tun. Die Menschen seid ihr: ich danke euch für eure Begleitung und Hilfe in dieser Mission. Das Symbol ist das Gemälde, das so atemberaubend Peters Tod portraitiert. Die Zeit ist jetzt, der Zeitpunkt ist gekommen, die Zeit ist reif.
In den letzten Wochen wurde mir bewusst, wie verhältnismäßig der Begriff der Zeit ist. Peter trat wieder in mein Leben ein. Für einen Moment schienen er und unser Zusammenleben wieder Wirklichkeit zu sein, wobei ich wusste, dass unser Leben eine Welt der Vergangenheit ist. Ich bin nicht länger dieselbe Person und er ist nicht länger auf dieser Welt.
Wiederum wurde mir bewusst, dass er eine ganz besondere Persönlichkeit war, die seine vielfältigen Talente nutzte, um mit jedem Atemzug das meiste aus seinem Leben zu machen. Er sagte immer, dass unsere Liebe die Basis für seine Entfaltung war. Ich bin geehrt, dass ich ein Teil von seinem Leben sein und ihn aufblühen sehen konnte.

Er war mein Leben, mein Leben baute sich um ihn herum auf. Wir lernten uns kennen, als wir sehr jung waren. Ich war sechzehn und er einundzwanzig. Wir bezeugten uns die Reife unserer Persönlichkeit und wuchsen aufeinander zu. Da war Harmonie, Wärme und eine Liebe, die in beinahe greifbaren Schüben zu wachsen schien. Es gab kaum eine Beschränkung zwischen uns. Meistens waren wir glücklich und uns dieses Segens bewusst. Wir beide gediehen in diesem Klima. Wir fühlten uns geliebt und gebraucht.
Wie ich bereits sagte, er war mein Leben und dafür war in einem gewissen Sinne sein Tod auch meiner. Alles in mir war glanzlos und revoltierte gegen ein Leben ohne ihn.
Der Weg, ein neues Leben ohne ihn zu leben, war fürchterlich lang und ging durch etliche Tiefen. Es gab auch einige Höhen, hauptsächlich, weil Menschen um mich herum – ihr – da waren, um mich anzuschubsen und zu ermutigen, das Licht am Ende des Tunnels zu finden. Zu guter Letzt fand ich immerhin das Versprechen für einen neuen Weg des Lebens und kann nun ein Leben mit Peters Tod beginnen.

Mein geliebter Peter,
ich danke dir, dass du für mich da warst, danke dir für deine Liebe, danke dir, dass du mir gezeigt hast, was Glücklichsein ist. Ich nehme nun wirklich Abschied von dir. Du bist auf der anderen Seite und ich vertraue darauf, dass es dir dort gut geht. Ich bin auf dieser Seite und muss weitergehen, möchte auch weitergehen. Das ist der Grund, warum ich, mit Liebe und Dankbarkeit, das verbliebene Band durchtrenne, das einen jeden von uns davon abhielt, unseren eigenen Weg zu gehen.
Ich bin überzeugt, dass du mich verstehst, weil du mich liebst. Ich bin glücklich, dass ich dir neulich erst sagen konnte, dass es keine Frage ist, dass ich dich verleugnen

würde. Ich liebe dich und du wirst immer einen besonderen Platz in meinem Herzen behalten.

Ich verlas meine Rede langsam und deutlich, schaute zuweilen zum Symbol für Peter und zu meinen Freunden. Es berührte mich, dass der Herr vom Krematorium im hinteren Teil des Raumes aufmerksam zuhörte. Als ich geendet hatte, ging ich zurück zu meinem Stuhl, fühlte mich erleichtert und befreit. Die Plattform mit dem Gemälde und den Blumen begann herabzusinken, begleitet von David Gates´s Stimme *„Make it by yourself"*. Meine Freunde weinten, ich tat es nicht.

Ich schaute aufmerksam zu seinem Gemälde, welches nun langsam in das Gewölbe herabgelassen wurde; als die Plattform komplett verschwunden war, schlossen mit einem lauten „Klick" die Türen über ihm. In diesem Moment verklang der letzte Ton der Musik in wunderbarer Synchronizität. In der eintretenden Stille spürte ich tief in meinem Inneren ein Echo der zuschlagenden Türen. Peter war gegangen. Das war gut so. Mein Geist und meine Seele hatten letztendlich diese traurige Wirklichkeit registriert und akzeptiert. Dies war der Abschluss, den ich gesucht hatte. Der Rest meines Lebens konnte nun beginnen.

Das *„Hosanna"* erklang triumphierend.

9. Schamane?

Meine Suche nach Authentizität nahm eine unerwartete Wendung, als ich im Februar 1988 an einem Kurs zu „Innerer Intelligenz" im „Pakhuis Amerika" in Amsterdam teilnahm. Es wurde eine breite Palette von Themen angesprochen: die Funktion des Gehirns, Träume und Schlafrhythmus, Mantras, Kinesiologie und Muskeltesten, Heilung und Balance. Meist konzentrierten wir uns auf die weitreichenden Folgen von Überzeugungen der Psyche und die große Bedeutung eines Punktes der Stille in unserem Innern.

Während des ersten Wochenendes konnte ich zu meiner Verwirrung ganz deutlich die Energien der Teilnehmer wahrnehmen. Zum Beispiel konnte ich „sehen", dass ein junger Niederländer eine Verbindung zu Argentinien hatte; es stellte sich heraus, dass er soeben ein Telefongespräch mit Argentinien beendet hatte und er spielte mit einigen jungen Argentiniern in einer Rockband.

Dann machten wir einige ESP-Übungen, *„Extra Sensory Perception"* oder übersinnliche Wahrnehmungen. Man bat uns, uns paarweise zusammenzutun und uns gegenseitig zu erzählen, wo momentan in unserem Körper eine Verspannung bestand. Ich saß einer mir unbekannten Frau gegenüber, die eine Verspannung in ihrem Nacken verspürte. Just in dem Moment, wo sie dieses erwähnte, spürte ich diese Verspannung in meinem Nacken und die Frau war sofort beschwerdefrei. Diese Verspannung hatte ich von ihr übernommen. Ich war nicht gerade begeistert, aber nach einer Weile ebbte sie ab.

Die nächste Aufgabe war, dass sie an jemanden denken sollte, der krank war, ich sollte mich fokussieren und versuchen, ob ich davon etwas aufnehmen konnte. Zu meiner

Verwunderung sah ich ganz deutlich einen älteren Herrn vor meinen Augen: hohe Stirn, lockiges, ergrauendes Haar, um die 70 kann er gewesen sein. Ich bemerkte, dass irgendetwas mit seiner linken Schulter nicht stimmte und sah einen Stein in seinem Magen. Dann begannen meine Augenlider zu zittern und so geschah es auch bei diesem Mann. Bei der Auswertung stellte sich heraus, dass dieser Mann an Rheuma in seiner Schulter litt und er hatte ein Magengeschwür. Und meine Lider zitterten, weil auch dieser Mann zitterte: er hatte Parkinson! Ich war geschockt und fand es ein bisschen angsteinflößend.

Nach diesem Wochenende fühlte ich, dass ich meine außergewöhnlichen Wahrnehmungen einsetzen wollte und dass ich dazu noch Unterstützung gebrauchen konnte. Durch einen Freund fand ich eine Frau, welche die gleiche Gabe besaß und damit zu leben gelernt hatte. Ich bat sie um ein Reading. Sie sagte:

„Du hast heilende Kräfte in deinen Händen und solltest damit beginnen, sie zu nutzen; dein analytischer Geist hat es bis jetzt blockiert."

Sie ermutigte mich zu lernen, zu vertrauen und mein Herz mit dem Feinstofflichen zu verbinden.

Ich vernahm ihre Worte mit Verwunderung; zur gleichen Zeit spürte ich, dass sie Recht hatte. Ein wesentlicher Teil von mir wollte sich äußern. Und dann sagte sie, sie spüre die Gegenwart meines Großvaters.

Die Gegenwart meines Großvaters? Ja, denn beim zweiten Gedanken an ihre Bemerkung über meine heilenden Hände traf es mich nicht wirklich wie ein Blitz. Die Wurzeln der mütterlichen Seite meiner Familie lagen im Westen Indiens und ich hatte gelernt, dass mein aufregender Großvater ein Schamane gewesen war. Die Polizei konsultierte ihn, wenn eine Person vermisst wurde, bestimmte Mediziner fragten ihn um Rat, wenn eine Diagnose unklar schien und ein Professor, der einen Lehrstuhl in Parapsychologie an der Universität bekleidete, studierte seine übersinnlichen Fähigkeiten. Mein Großvater hatte eine gutgehende Praxis, arbeitete mit Kräutern und war ein Heiler und Hellsichtiger; sobald jemand sein Behandlungszimmer betrat, wusste er sofort, was sein Problem war und kannte das Heilmittel. Er starb, als ich vierzehn war. Meine Großmutter erzählte mir, dass er regelmäßig mit Seelen aus der anderen Welt kommunizierte. Über die Jahre entdeckte ich, dass das Übernatürliche ein normales Phänomen in meiner Familie war.

***

Ich war neugierig und sah mich nach mehr Informationen um, die mich zu einem Experten in Rückführungstherapie brachten. In einer Sitzung wurde ich in eine leichte Trance versetzt, in der mich der Therapeut führte und mir Fragen stellte, auf die ich in meinem veränderten Bewusstseinsstatus antwortete.

Schnell fand ich Kontakt mit dem, was sich später als mein Krafttier erwies. Es war ein schwarzer Jaguar, grafisch sehr präsent, der mich aus dem Dschungel heraus zu der Veranda eines Hauses brachte. Ich betrat einen Raum, in welchem auf einem Tisch eine große Kristallkugel lag. Als ich sie berührte, wurden meine Hände schwer; ich spürte, wie die heilende Kraft durch meine Hände eintrat und meinen ganzen Körper durchströmte, bis hinunter zu meinen Füßen.

Der Therapeut fragte mich:

„Ist dies der Beginn, wo du deine Heilkräfte erhalten hast?"

Nein, war es nicht. Ich ging weiter zurück in der Zeit und hinein ins Universum. Ich war ein kleines Wesen, das in einem Orb aus Licht saß. Ich hob einen fallenden Stern auf; meine Hand wollte etwas damit anstellen. Die Hand war schwer, es erstrahlte ein Glanz von Licht.

Mit einem Hechtsprung ging ich auf die Erde hinab, aber als ich gerade dort war, schien es mir für einige Zeit als wäre ich in der Atmosphäre ausgesetzt und konnte mich frei bewegen.

Ich sah Wasser, erkannte Irland und landete in den Pyrenäen, in einer Initiationshöhle, die Teil eines Höhlensystems war. Ich trug robenähnliche graue Kleidung. Ein Ritual fand statt, geleitet von einem weisen, alten Mann mit einem Bart. Er legte seine Hand auf meinen Kopf, um Weisheit in mich einströmen zu lassen, und sagte:

„Manchmal liegt die Weisheit im Unterbewussten, sie kommt auf, wenn du sie brauchst."

Plötzlich war Hubert da! Ich lächelte; er stellte sich neben mich; er war vom selben Ort, wo auch ich hergekommen war. Nun legte der weise Mann eine Hand auf meinen Kopf und die andere Hand auf Huberts Kopf und dann legte er einen Kristall, das Symbol für die heilende Kraft, in unsere Hände. Der Punkt zwischen meinen Augen, das dritte Auge, juckte. Ich hielt den Kristall dagegen, konnte spüren, wie die prickelnde Energie in meinen ganzen Körper strömte und ich wusste: dies war der Ursprung der Gabe.

Eine weitere Frage war:

„Was ist der Lebensplan für diese jetzige Inkarnation?"

Die Antwort kam auf der Stelle: integriere die Einheit des großen Ganzen in dein Menschenleben und diene.

Die Befragung war beendet und meine Achtsamkeit wechselte wieder zu meinem Körper. Meine Hände wurden bleischwer, bevor sie zu leuchten begannen mit Weisheit, Licht und Kraft. Ich bemerkte eine Blume nahe an meinem Herzen, eine tiefrote Rose, die sich öffnete. Ich sank in das Herz der Rose hinein und empfand Freude und ein Gefühl des Nach-Hause-Kommens. Ich fühlte ein warmes Glühen in meinem Körper, eine Zufriedenheit mit dem, was ist.

Zurück in der gegenwärtigen Realität schaute ich mit gemischten Gefühlen auf diese Sitzung und die Informationen, die sie mir brachte. Was war real und was war fingiert, ein Produkt meiner ungezügelten Phantasie? Und wenn es so war, was machte es aus? Nichts wirklich, denn hatten Imagination und intuitives Wissen nicht denselben Ursprung?

Da war das Vertrauen, dass ich in der Lage sein würde, den Unterschied zu erkennen. Ich fühlte mich oft, als würde ich im Dunkeln tappen, sodass die Feststellung, dass Weisheit zur rechten Zeit verfügbar sein würde, mich beeindruckte und mir Hoffnung gab.

***

Wie und wo sollte ich beginnen, die heilende Kraft in meinen Händen einzusetzen? Dies wurde mir schnell klar, als eine Freundin vorbeikam mit Schmerzen in der Schulter und fragte, ob ich sie behandeln könnte. Ich tat es. Die Erfahrung mit den ESP-Übungen im „Pakhuis Amerika" wiederholte sich; ich spürte unverzüglich ihre Schmerzen und sie war davon befreit. Es gab ein interessantes Detail; sie sagte, sie sah eine weiße Taube auf meiner Schulter, während ich sie behandelt hatte. Ich hatte gelesen, dass die weiße Taube das Symbol für die Heiler der Katharer war!

Somit begann mein erster zögernder Schritt auf dem Weg, der einstweilen noch unbekannt war.

Die Zeit war reif. Freunde und Bekannte kamen zu mir und baten um Heilung. Ich machte ihnen klar, dass sie Versuchskaninchen seien.

Ich fand in der Tat, dass da eine heilende Kraft in meinen Händen war. In den Niederlanden nennen wir es „magnetisieren", ein Auflegen der Hände, durch welche negative Energie ausgelöscht und positive Energie hervorgerufen wird, annehmend, dass alles Leben von einem Energiefeld umgeben ist. Sobald ich mich konzentriere, fühle ich, wie die heilende Kraft in meine Hände fließt und mir ermöglicht, diese Felder in und am Körper zu reinigen und auszugleichen. Die Teile des Körpers, die nicht in Harmonie mit dem Rest sind, fühlen sich an wie ein Hindernis. Meine Hände verweilen dort nach eigenem Gutdünken, um dieser Stelle extra Energie zukommen zu lassen.

Die Temperatur in meinen Händen ist immer so, wie sie gerade gebraucht wird; meistens heiß, manchmal kalt, zum Beispiel während ich an einer Wunde arbeite. Der Effekt hängt oft von der Empfänglichkeit des Klienten ab, aber für die Meisten ist die Heilungsenergie wenigstens entspannend.

Eine Frau war besonders gestresst wegen eines Meetings, welches am nächsten Morgen bei ihr auf der Arbeit stattfinden sollte. Ich magnetisierte sie. Später erzählte sie mir, dass sie nach der Heilung in einen dermaßen tiefen Schlaf gefallen sei, dass sie erst am Nachmittag aufwachte; sie hatte das Meeting komplett verpasst.

Ich musste erst mal Dutzende von Menschen magnetisieren, bevor ich selbst davon überzeugt war, dass die Heilungskraft, die mich durchfloss, nützlich für andere war.

Diese schlummernde Kraft war erweckt worden, aber zunächst wusste ich nicht, wie ich damit umgehen sollte. Ich hatte keine Kontrolle über das freigesetzte Magnetfeld, und Dinge, die ich berührte, begannen in die Brüche zu gehen. Dies war der Fall mit drei Computern im Büro, wo ich arbeitete; der erste war noch komisch, der zweite und dritte dann schon nicht mehr. Der Techniker, der sie reparieren sollte, fragte den Bürovorsteher, ob da irgendetwas in der Nähe der Computer war, was ein starkes Magnetfeld erzeugte … Da war auch ein altes Fernsehgerät, das verendete, und sobald ich in die Nähe der antiken französischen Uhr kam, drehten sich die Zeiger, als ob Stunden nur Minuten wären. Außerdem übernahm ich die Symptome meiner Klienten und wurde beinahe krank davon.

Ich ging zu Hubert, dem Berufsberatungspsychologen, um ihn um Rat zu fragen. Da war von jeher eine sofortige Verbindung zwischen uns, die bis zur Rückführungssitzung unerklärlich schien. Dann und in der darauffolgenden Zeit entdeckten wir, dass wir einander aus vorherigen Leben kannten; in einigen hatten wir gemeinsam als Heiler gearbeitet. Ursprünglich, in meinem derzeitigen Leben, blieb er mir eine Stütze im Finden meiner Authentizität. Nach der Rückführungssitzung war klar, dass seine Unterstützung sich auf einen sehr viel breiteren Rahmen hinaus erstreckte. Ich bin sehr dankbar, ihn in meinem Leben zu haben, sozusagen als Mit-Gestalter, der mich voll und ganz versteht.

Hubert wusste mit den ungezügelten Heilungskräften umzugehen: raus in die Natur und mit der Stirn auf die Erde legen, sodass die Energie sich selbst erden konnte. Und so tat ich es. Ich lag ausgestreckt auf meinem Bauch; meine Nase berührte die Blätter, inhalierte den Duft der Erde. Ich spreizte meine Arme und Beine, meine Hände in die Erde greifend, zunächst etwas ängstlich wegen der kleinen Krabbeltiere. Ich benötigte eine Weile, bevor ich in dieser ungewöhnlichen Position entspannen konnte. Ich nahm einige tiefe Atemzüge und merkte, wie mein Körper schwerer wurde und zur Erde sank. Nach kurzer Zeit konnte ich den Rhythmus der Erde spüren, langsam begann es in mir zu vibrieren; es war, als würde mein Körper zu einer Stimmgabel. Es fühlte sich an, als ob ich das Innere der Erde durchdringen könnte und begegnete dem Herzstück allen Seins; eine höchst heilende und nährende Erfahrung, die ich gelegentlich wiederholte.

Ich brauchte einige Zeit, um mich an den Gedanken zu gewöhnen, mein Körper sei ein energetischer Kanal. Abgesehen von der Erdung musste ich lernen, die Energien anderer Menschen loszulassen. Abschirmtechniken waren hierbei sehr wichtig. So platziere ich mich zum Beispiel in einen goldenen Ball von Licht oder ich stelle eine Rose vor meinen Solarplexus, streiche die Energien ab, die nicht zu mir gehören und wasche nach einer Sitzung einfach meine Hände in kaltem Wasser.

Von dem Moment an, als ich mit dem Magnetisieren begann, war da eine innere Gewissheit, dass dieser Weg mein Weg war, dem ich zu folgen hatte und die Arbeit, die ich zu tun hatte. Dies war das „Wissen", mit dem ich geboren wurde.

Dieses Wissen hatte mehrmals auch eine Stimme. Die Stimme kam von meinem innersten Sein und meiner Verbindung mit all dem, was ist. Sie brachte die Weisheit und ich kann ihr bedingungslos vertrauen.

Die Stimme machte mir unmissverständlich klar, dass ich weder dieses energetische Phänomen studieren noch meine Sitzungen bewerben sollte. Diese Nachricht war unbequem, falls ich eine Praxis aufbauen wollte, aber irgendwie konnte ich verstehen, warum sie gegeben wurde, denn ich haderte mit dem Umgang der „speziellen Gabe". Ich war einen Zoll entfernt davon, mir selbst auf die Schulter zu klopfen, weil ich diese Kraft hatte und ich wusste, ich musste mich von diesem Bedürfnis befreien. Ich konnte auch meinen verurteilenden Geist registrieren, der versuchte, diese subtile Heilungskraft zu blockieren, die ich gerade zu verinnerlichen begann. Die Nachricht war, ein Selbstvertrauen aufzubringen, welches ich noch nicht hatte, aber es war unwiderstehlich und ich akzeptierte.

Ich bekam Hilfe von Guides, die sich allmählich selbst vorstellten.

Der erste war eine totale Überraschung. Eines Sonntagmorgens bereitete ich mich gerade für einen Spaziergang mit Freunden vor und während ich mich ankleidete, war da auf einmal ein funkelndes Licht, und ein Samurai im Schneidersitz, mit Schwert und allem, was sonst noch dazugehört, präsentierte sich selbst. Ich sah ihn absolut klar, als würde ich ihn berühren können. Merkwürdig genug, war ich nicht verängstigt, aber völlig überrascht. Ich hatte sofort die Geistesgegenwart, ihn willkommen zu heißen und fragte ihn, wer er sei. Er nannte mir seinen Namen. Ich fragte:

„Warum bist du gekommen?"

Er antwortete sanft:

„Um dir bei deiner Arbeit zu helfen."

Er würde später als Guide da sein, wenn ich mit Klienten arbeitete, bei denen ein sausendes Schwert notwendig war, um hartnäckige Hindernisse zu durchbrechen.

Während ich einer Frau eine Heilung gab, die gerade eine große Operation gehabt hatte, machte sich der zweite Guide bekannt. Da war plötzlich ein streng aussehender Schamane neben mir; groß, schlank, in eine Koyotenhaut gehüllt, den Kopf des Tieres als Kopfschmuck. Er zeigte mir an, ich sollte bestimmte Bewegungen mit meinen Händen machen als wollte ich eine Art Tanz aufführen. Es gab keinen Moment der Verzögerung. Ich tat, was mir gesagt wurde, spürte den heilenden Rhythmus in mir anwachsen und durch meinen Körper zu der Klientin fließen. Diese berichtete mir hinterher, dass sie zur Hälfte der Sitzung eine erhöhte Energie und eine Wirkung spürte. Der Schamane erscheint gelegentlich, wenn Komplikationen auftauchen, und gibt mir Instruktionen, denen ich ohne weitere Fragen folge.

Zwei Krafttiere tauchten auf. Ein Adler, durch die Lüfte schwebend, seine scharfen Augen, die alles in seiner Umgebung erfassten, erschien regelmäßig auf meiner Netzhaut. Es war, als wenn seine allessehenden Augen auch meinen Blick schärfen würden. Und der schwarze Jaguar, den ich in der Rückführungssitzung gesehen hatte, erschien immer wieder: ein übergroßer Panther mit einem großen Kopf. Zunächst war ich etwas verwirrt, denn ich wusste nicht, dass es schwarze Jaguare gab. Es stellte sich jedoch heraus, dass ein schwarzer Jaguar in Zentral- und Südamerika für Schamanen bestimmter Stämme als geistiger Begleiter wichtig ist. Beide, der Adler und der Jaguar, erscheinen immer, wenn tierische Kräfte erforderlich sind.

Die Guides und die Krafttiere kommen auf Abruf und manchmal auch uneingeladen. Die Verstärkung vom Kosmos gibt mir das Gefühl, dass sie ein Sicherheitsnetz gebildet haben.

Meine Gaben erwiesen sich als über das Magnetisieren hinausgehend. Ich wurde mir klar, dass ich eine Antenne besaß, die die Wellen und Vibrationen von beidem, dem Stofflichen und dem Feinstofflichen, aussenden und empfangen konnte.

Ich war der Übermittlungskanal zwischen diesen scheinbaren Oppositionen.

Auf dem Niveau des Mikrokosmos bedeutete dies: Wenn zum Beispiel ein Klient hereinkam, würde ich ein Lied aufgreifen, das er gerade im Kopf hatte, oder den Namen von jemanden, mit dem der Klient soeben noch ein Telefongespräch geführt hatte.
Auf dem Level des Makrokosmos: Eines Abends im August 1990, als ich gerade zu Bett gehen wollte, fühlte ich mich auf einmal unwohl und musste mich übergeben ohne ersichtlichen Grund. Die Stimme sagte: „Mach den Fernseher an." CNN berichtete, dass der Golfkrieg begonnen hatte. Derselbe Ablauf wiederholte sich sieben Monate später, als der Krieg vorbei war und seitdem auch bei anderen Geschehnissen weltumfassender Auswirkung.

Dieser Kanal erwies sich als stark genug, um mit der „anderen Seite" in Verbindung zu treten. Informationen beginnen zu fließen, sobald ich den Kanal öffne oder manchmal geschieht es auch spontan.

Eine Klientin kam zu mir, um mit dem Tod ihres Vaters fertig zu werden. Ich folgte meiner Eingebung und ließ sie ein bestimmtes Stück von Bach hören. Es erwies sich als das Lieblingsstück ihres Vaters.
In einem anderen Beispiel rief mich der Leiter eines Kulturzentrums an und bat mich, einen Kontakt mit dem Geist von Rosaly herzustellen. Sie schlenderte um diese Institution herum und ließ mehr und mehr wissen, dass sie da sei. Auf diesen Kontakt hin stellte sich heraus, dass sie die längst verstorbene Tochter der ursprünglichen Eigentümer war, die in diesem Gebäude bleiben wollte, um den Pakt zu schützen, damit es ein Kulturzentrum bleiben konnte. Ich fand Rosaly harmlos und nach der

Konsultation, an der alle Parteien beteiligt waren, erlaubten sie ihr, dort zu bleiben wo sie war.
Einige Monate später, als ich gerade das Geschirr abspülte, erschien Rosaly plötzlich bei mir zu Hause, zweihundert Kilometer entfernt, in meiner Küche. Sie zeigte mir an, dass sie nun über die Brücke gehen wollte und bat um meine Hilfe. Ich rief im Kulturzentrum an und informierte sie. Es endete in einem Verabschiedungsritual mit der Belegschaft und Freiwilligen und einem Kuchen mit Rosalys Namen drauf. In dem Moment, als ich die Worte sprach: „Ich sende dich nun in das Licht", erschien die Sonne und strahlte auf ihren Kuchen. Später berichtete die Belegschaft, dass sie nicht länger anwesend war.

Allmählich dämmerte es mir, dass auch ich wie mein Großvater veranlagt war, um ein Schamane zu sein. Schließlich stellt ein Schamane die Verbindungen zwischen der sichtbaren und der unsichtbaren Welt her, zwischen Mensch, Tier, Pflanze, Stein, Erde und geistiger Welt.

Dieser Grundgedanke erweckte ambivalente Gefühle. Es fühlte sich richtig an und ging in Resonanz mit einer fundamentalen Wahrheit in mir, jedoch stieg zugleich ein Widerstand in mir auf. Meine Vorstellung von einem Schamanen war, dass er wie ein Außenseiter lebte, getrennt vom ganz normalen menschlichen Leben; das wollte ich nicht. Ich wollte in der breiten Masse bleiben, fürchtete mich davor, eine Verbannte zu sein, eine Ausgestoßene zu werden, verbrannt auf einem Scheiterhaufen.

Diese Ängste schienen unangemessen, naiv und rührten von Erinnerungen an Schicksale vergangener Leben. Wie auch immer, das sich Entfaltende konnte nicht gestoppt werden; es berührte zutiefst die Essenz meines Lebens.

***

Es scheint mir nun passend, mehr Informationen zum Schamanismus zu geben, welchem viele Anthroposophen und Ethnologen als eine der ältesten spirituellen Anwendungen der Menschheit anerkennen. Seit Beginn der Zeitrechnung ist der Schamanismus weltweit eine mystische Tradition, welche darauf basiert und die auch lehrt, dass das ganze Universum eine Einheit bildet.

Der Schamane stellt eine bedeutende Rolle in der Betrachtung der ganzheitlichen Gesundheit der Gemeinschaft dar. Vom traditionellen schamanischen Bewusstsein her ist er/sie der Spezialist im Bereich der Heilung, Rituale, Träume, Tanz, Exorzismus und Orakel. Er/sie bewegt sich ständig zwischen der realen und der feinstofflichen Welt. Die Menschheit war zu jeder Zeit fasziniert vom Übernatürlichen und seiner Zuordnung zum täglichen Leben, wie es bereits in Höhlenzeichnungen von vor 30.000 Jahren illustriert wurde.

Das Wort *„Schamane"* stammt von einem sibirischen Volk, den Ewenken (die Russen nennen sie „Tungus"), die diesen Ausdruck für ihre spirituellen Führer verwendeten; es bedeutet „Einer, der weiß". Es ist wahrscheinlich aus dem sanskritischen Wort *„Sramana"* entstanden, das soviel heißt wie „religiöse Praktik der Asketen".

Heutzutage findet man den Schamanismus in mehr oder weniger originaler Form immer noch bei den nativen Völkern in Amerika, Afrika, Indonesien, Korea, der Mongolei und Sibirien. In der westlichen Welt blüht das Interesse am angepassten zeitgemäßen Schamanismus auf.

1991–2000

10. Visionssuche

Meine Arbeit als Freiberufler verschaffte mir die Möglichkeit des Reisens wann und wohin auch immer ich wollte, da ich meine Zeit frei einteilen konnte. Dies war mir, seit ich in Australien gewesen war, zum Bedürfnis geworden. Mein Weg führte mich an die Westküste von Nordamerika.

Die australische Seherin hatte gesagt:

„Du hast eine spirituelle Verbindung zu Amerika. Du fühlst dich daheim, wo die Vereinigten Staaten und Kanada sich berühren und wo die Totempfähle stehen."

Sie hatte Recht.

Der erste Totempfahl, auf den ich stieß, stand in einem Park in Seattle, gemacht von den Haida, einer der Stämme, die hier über Jahrhunderte gelebt hatten und die immer noch in British Columbia, Kanada, existieren. Zu meiner Überraschung reagierte mein Körper, als ich dieses uralte traditionelle Symbol erblickte. Ein Vibrieren ging hindurch und meine Augen füllten sich mit Tränen; ich empfand eine tiefe Vertrautheit.

Es war auch überraschend, dass ich, wohin ich auf diesem Kontinent auch reiste, in der Lage war, all diese Plätze genau zu erkennen, wo jene eingeborenen Stämme gelebt hatten, selbst wenn keine äußerlichen Zeichen sichtbar waren. Bildnisse erschienen zusammen mit einer Wahrnehmung der starken Anwesenheit. Auf Anfrage stellte sich heraus, dass ein bestimmter Stamm tatsächlich in diesem Teil des Landes gelebt hatte.

***

Durch diese neuen Erfahrungen und Einsichten wurde mir langsam klar, dass es nun an der Zeit war, meine Zelte in den Niederlanden abzubrechen, um auf Entdeckungsreise zu gehen und tiefer in die einstige Kultur Nordamerikas einzusteigen.

Als ich erfuhr, dass es vier von meinen Freunden nach Seattle verschlagen hatte, stand meine Entscheidung fest: ich würde gehen. Es folgte eine wahnsinnig hektische Zeit, in der ich mein Leben in den Niederlanden komplett umkrempelte. Am 1. März 1991 flog ich nach Seattle. Erst im Flugzeug wurde mir bewusst, dass ich kein Heim und keinen Herd mehr hatte, keinen einzigen Schlüssel, weder für eine Garage noch Auto oder Fahrrad. Ein unglaubliches Glücksgefühl der Freiheit überkam mich.

Während der nächsten vier Jahre lebte ich aus zwei Koffern. Für mich, die ihr Zuhause immer zu schätzen gewusst hatte, wurde es zur Offenbarung. So entdeckte ich das Phänomen des „Haus-Sitters", manchmal in einem der nobelsten Wohngegenden oder wundervollsten Orte, und ich fand heraus, dass ich nur wenig benötigte, um mich zu Hause zu fühlen. Manchmal war es beängstigend, wenn ich morgens noch nicht wusste, wo ich in der nächsten Nacht schlafen sollte. Schnell lernte ich, dass ich erfinderisch war und es gab immer eine Lösung. Ich kam bei Freunden unter und bereiste intensiv diesen Kontinent. Und alle sechs Monate, wenn das Visum mal wieder abgelaufen war, reiste ich zurück in die Niederlande. Wenn ich Geld brauchte, arbeitete ich für irgendwelche Projekte oder anderes, bevor ich das Land wieder verließ, um die nächste Reise anzutreten.

Diese Situation drängte mich, alte Verhaltensmuster und meinen Lebensstil aufzugeben. Sie lehrte mich, loszulassen und zu entdecken, dass alles, was ich brauchte, bereits in mir vorhanden war. Ob ich in Anchorage, Seattle, Sydney oder Amsterdam war, ich war immer bei mir selbst.

Dieses Nomadenleben wirkte sich ebenfalls auf meine Spiritualität aus. Ich war bewusst im Hier und Jetzt, empfänglich für alles, was immer mir über den Weg lief und ich sog es auf. Es war ein fruchtbarer Boden für die nächste Phase meiner Suche.

Das Universum hatte nämlich mir diese vier Jahre als schamanisches Training zugedacht, um das Wissen zu komplettieren, welches mir bereits von der Natur zuteil geworden war. Nahezu alle, manchmal auch befremdliche, Erfahrungen bezweckten einzig und allein, mich zu prüfen oder auch vorzubereiten und mir aufzuzeigen, was von mir gefragt war, um eine Schamanin zu sein. Wie von einem Büfett sammelte und probierte ich alles, was man mir vor die Füße warf, siebte es aus und behielt, was ich für wahr und gut befand.

Nach einer Weile wurde klar, dass sich nun eine *"Vision Quest"* oder Visionssuche entfaltete. Dies ist ein uralter Initiationsritus, wobei die Suchenden für einige Zeit in die Natur gehen, um in eine neue Phase des Lebens eingeweiht zu werden oder um Antworten vor allem auf spirituelle Fragen des Lebens zu bekommen.

Für mich, die nicht die Nöte der Einheimischen in dieser rituellen Phase durchmachen muss, gab es eine Version, angepasst an die Möglichkeiten einer weißen Frau aus der westlichen Welt. Verschiedene, meist einheimische Führer und Lehrer präsentierten sich selbst als Wegweiser auf diesem Weg. Rolling Thunder, ein Medizinmann und Wortführer der Cherokee, war in den frühen 70er-Jahren einer der ersten Älteren, die ihr Wissen mit den Weißen teilten („Die Erde ist ein Organismus; ein Körper eines Seins"). Andere folgten in seinen Fußstapfen und fanden zunehmend anerkennendes Gehör bei den Weißen und ich war eine von ihnen.

***

Es begann alles anlässlich einer Konferenz zu spirituellen Fragen in Seattle, wo ich einen Workshop mit Genni Pearl Song, einer Schamanin vom Stamme der Cherokee, besuchte. Als ich sie sah, traf mich derselbe physische Schock des Wiedererkennens, wie ich ihn schon beim Anblick der Totempfähle der Haida erlebt hatte. Nach dem Workshop stellte ich mich ihr vor und sagte:

„Es ist ein Indianer in mir."

Sie nahm meinen Kopf in ihre beiden Hände, sah mir in die Augen und sagte:

„Da hast du Recht, du warst ein Cherokee."

Es war für uns beide klar, dass wir eine Verabredung trafen, die in ihrem Hause stattfand auf einer der Inseln im Puget Sound, einem Sund im Nordwesten des Bundesstaates Washington.

Nach einer Überfahrt mit der Fähre über diesen wunderschönen Sund war ihr Haus am Ende dieser Insel zu finden, auf einer Klippe hoch über dem Wasser. Auf ihrem Land befand sich ein Adlerhorst und eine Schwitzhütte. Ich spürte eine sehr gegenwärtige Energie, als ob die Erde dröhnte.

Genni – groß, schlank, mit durchdringenden schwarzen Augen – empfing mich in ihrem Sonnenraum, der einen weiten Ausblick in die Natur bot. Wir tauschten einige grundsätzliche Informationen. So verriet sie mir, dass sie, ergänzend zu ihren Aktivitäten als Schamanin, auch mit Komapatienten arbeitete und ebenfalls als Hebamme. Dann nahm sie ihre „Medizinkarten" zur Hand und gab mir ein Reading.

- „Ich habe mit deinem Mann gesprochen, netter Kerl; sah ihn hinter dir stehen während des Workshops, wo wir uns kennenlernten. Er hat begriffen, dass er nicht länger dein Ehemann ist und hat sich selber zu deinem Beschützer berufen.
- Du hast vier vergangene Leben als amerikanischer Indianer: zwei, die lange zurückliegen und zwei jüngere. Als Cherokee wurdest du nach England geschickt, wo du zu Gast warst, aber du wurdest als Attraktion zur Schau gestellt.
- Du musst nach Queen Charlotte Islands gehen, du hast ein bedeutungsvolles vergangenes Leben dort als Haida gelebt (daher meine Reaktion auf die Totempfähle!)
- Es ist erforderlich, dass du nach Sedona in Arizona gehst, um jemanden zu treffen, der in deinem Leben sehr wichtig sein wird.

– Gehe deinen medizinischen Weg, das heißt: verleihe deinen Gaben Ausdruck und vertraue ihnen. Genau wie ich, bist auch du eine Schamanin und Heilerin. Wir beide sind zuvor hier gewesen, auf der anderen Seite der Hügel. Du bist auf derselben spirituellen Ebene wie ich."

Während des gesamten Readings durchlebte ich alle Arten körperlicher Empfindungen: Druck auf meinem Ohr, Schwindel, Begriffsstutzigkeit, mein Kopf fühlte sich an wie in einer Seifenblase. Sie sagte:

„Du bist sehr im Einklang mit allem."

Zurück zu Hause – wo immer mein Koffer stand war „zu Hause" – ging ich ihre Worte noch einmal durch. Ich bin nicht eine Art Mensch, der springt, nur weil ein anderer das sagt, jedoch fühlte ich, dass sie mir über den Weg gelaufen war, um mein Lehrer zu sein und ich erkannte ihre Autorität an als jemand, auf den ich hören würde.

Ich schlug die Queen Charlotte Islands nach; sie schienen vor der Küste von British Columbia zu liegen, weit weg von Seattle, was eine Reise von mehr als acht Stunden mit Flugzeug und Fähre und Auto bedeuten würde. Es war zu kostspielig und kompliziert, deshalb musste ich die Idee, dorthin zu gehen, aufgeben.

Und Sedona in Arizona? Ich bat sie, mir den Namen dieses Ortes zu buchstabieren, denn ich hatte vorher noch nie davon gehört. Diese spezielle Reise hat dann auch geklappt, aber davon später mehr.

Ich wurde zu einem Vollmondtreffen bei Genni eingeladen, einem spirituellen und sozialen Beisammensein mit Schwitzhütten-Zeremonie. Ich hatte mich über die indianischen Gebräuche erkundigt und so brachte ich Tabak mit für den Leiter der Zeremonie. Es war alles sehr ungezwungen. Circa dreißig, meist weiße Leute kamen nach und nach herein, warfen ihr Gepäck hin und schauten sich um, wo sie helfen konnten. Ich schloss mich einer Gruppe an, die dabei war, eine große und eine kleine Schwitzhütte aufzubauen: ein tipiähnliches

Gebilde, eingerahmt von Weidenzweigen, die bedeckt waren mit etlichen Lagen Segeltuch; in der Mitte war ein flaches Loch gegraben, wo die heißen Steine platziert werden konnten, der Boden war mit Decken ausgelegt. Der Zeremonienplatz war ein großer Zirkel mit Schwitzhütten, einem großen Lagerfeuer, einer Brause, die an einem Baum befestigt war, und einer Art Haupttribüne.

Ein anderer Schamane mit seiner Frau gesellte sich am Ende des Nachmittags zur Gruppe dazu. Er würde die Zeremonie leiten. Sein Name war Mark, ein beeindruckender Indianer um die vierzig Jahre alt. Er erzählte uns, dass er früher ein kokainabhängiger und zorniger junger Mann gewesen war; ungefähr zehn Jahre war es her, als er zu sich selbst gefunden hatte und eine Möglichkeit erkannte, die weiße und die rote Kultur miteinander zu vereinen. Er war ein wortkarger Mann, aber als Schamane redegewandt und klar. Ich verstand seine Worte besser als Gennis, die regelmäßig in ihre Cherokee-Sprache verfiel.

Am Abend trafen sich alle im Zirkel, um zwei Ereignisse zu feiern. Erstens gab es eine Schwitzhütten-Zeremonie für ein Paar, das im darauffolgenden Monat heiraten würde. Einer nach dem anderen wünschte ihnen Glück und Segen. Ich sagte, dass ich hoffte, der Vollmond würde sie ewig an diesen feierlichen Moment ihrer Bindung erinnern. Sie nahmen unsere Segenswünsche entgegen und gingen dann zusammen in die kleine Schwitzhütte. Dann begann die Zeremonie um den Feuermann, der eine spezielle Pfeife gemacht hatte. Mark erklärte, dass diese Pfeife zu jedem gehörte, das aufstehende Ende war weiblich, der hängende Teil männlich. Die Pfeife wurde rituell im Kreis herumgereicht: man nimmt sie in beide Hände, inhaliert und bläst den Rauch in alle vier Windrichtungen, inhaliert noch einmal und bläst den Rauch über die Pfeife hinweg.

Ich genoss die feierliche Zeitlosigkeit der Zeremonie und gleichzeitig sah mein urbanes Selbst die Pfeife mit einiger Beklommenheit auf mich zukommen. Ich rauche nicht und so war ich gespannt, wie mein Körper reagieren würde, wenn die Reihe an mir war. Ich versuchte so gut es ging, die Art des Rauchens den Anderen nachzuahmen und war erfreut, dass es ziemlich gut ging. Leider war ich zu selbstbewusst, um innerlich in der Lage zu sein, die Heiligkeit dieses Moments zu erleben.

Da war ein Getrommel zu beiden Zeremonien, meist während wir um das Feuer herum saßen, manchmal während wir im Kreis liefen. Ich nahm eine Trommel, die mit dem Abbild eines Büffels bemalt war und begann zu trommeln. Schnell machte es mir riesig Spaß, jeder Schlag traf in meinem Herzen auf Resonanz. Ich war vollends dem Rhythmus verfallen. Ich spürte die Auswirkungen des Vollmondes. Das Feuer flackerte auf und Funken flogen zu mir rüber. Weil der Wind den Rauch in meine Richtung wehte, rannen mir Tränen über meine Wangen, die vergangene Erinnerungen in mir aufwühlten: es fühlte sich vertraut an.

Das Getrommel endete und die Leute begannen sich nach einem Schlafplatz umzusehen, sowohl drinnen als auch draußen. Ich richtete mir mein Bett im Wohnzimmer her und hatte einen kurzen, aber tiefen Schlaf. Gegen 7.00 Uhr stand ich auf, zog mich an und ging hinaus, wo ich auf den Felsen einen wunderbaren Ort zum Meditieren fand und von wo aus ich den ganzen Sund überblicken konnte.

Die Morgenzeremonie fand im Wohnzimmer statt. Mark erschien im vollen Ornat eines Schamanen, würdig und authentisch. Er erklärte wie die Schwitzhütten-Zeremonie wirkte. Es gab vier Runden zum Geschichtenerzählen, Beten und Singen; zwischendurch würden wir hinausgehen, um uns abzukühlen. Als er geendet hatte, ging ich auf ihn zu und fragte, ob ich ihn kurz sprechen könnte.

„Ja, natürlich", sagte er.

Ich erklärte ihm, dass ich gerne teilnehmen würde, jedoch befürchtete, dass es für meine Lungen zu belastend sein würde. Ich ließ ihn auch wissen, dass es noch nicht allzu lange her war, als ich nach dem Tode meiner Katze wegen einer Asthma-

Attacke im Krankenhaus gewesen war; dieses Ereignis hatte die Erinnerungen vom Tode meines Mannes und meines ungeborenen Babies aufgewühlt. Ich konnte die aufsteigenden schmerzhaften Tränen in meiner Brust spüren, als ich ihm dies sagte. Er war sehr herzlich und sagte:
„Ich passe auf dich auf und du kannst jederzeit hinausgehen, wenn du möchtest."

So baute ich um mich herum einen großen Schutzpanzer von Sicherheit, um in der Lage zu sein, diesen Schritt zu tun. Aus diesem Grunde erzählte ich meine Geschichte auch seiner Frau. Sie sagte, dass Mark sehr vorsichtig in seinen Schwitzhütten sei und gut auf seine Leute aufpasste. Nebenbei bemerkte sie, dass er für zwei Jahre als Sanitäter in Vietnam gewesen war. Das war gut zu wissen; nun fühlte ich mich sicher genug. Ein Mann trat zu uns und er fügte hinzu:
„Ich habe gehört, was du sagtest. Auch ich bin Sanitäter und spezialisiert auf Lunge."

Nun fühlte ich mich erst recht sicher!

Am Ende des Vormittags war die Zeit da: die Steine waren heiß und die Schwitzhütten-Zeremonie konnte beginnen. Bei der traditionellen Zeremonie, geleitet von uransässigen Einwohnern, ist man bekleidet. Zu diesem Zweck trug ich ein großes Shirt, das mich bis zu den Knien bedeckte und nahm mein Handtuch mit. Wie instruiert, trat ich in den Zirkel ein, nachdem ich den Feuermann gefragt hatte:
„Darf ich eintreten?",
und ging zum Eingang der Schwitzhütte. Der Türhüter hielt für mich den Schlag auf und rief: „Ho!"

Ich setzte mich neben Mark auf den Boden, nahe beim Ausgang. Als alle fünfzehn Personen drinnen waren, nahm Mark die erhitzten großen Steine vom Feuermann mit einer Elchschaufel entgegen und legte sie in die Mitte der Kuhle. Der Schlag wurde geschlossen und es wurde stockfinster.

Mark goss Wasser auf die heißen Steine und der Dampf stieg auf wie in einem Türkischen Bad. Ich ermutigte mich selbst ruhig zu bleiben und es funktionierte, keine Panik kam auf. Mein Atem wurde leicht. Nach einer Weile wurde es ziemlich heiß. Ich hatte bisher durch meine Nase geatmet; nun zwang die Hitze mich, durch den Mund zu atmen; auf diese Weise konnte ich länger durchhalten. Kein Schnappen nach Luft! Meine Aufmerksamkeit war abwechselnd bei dem, was in meinem Körper geschah und in der Schwitzhütte. Während er gelegentlich Wasser über die Steine goss, erzählte Mark Geschichten, lebhaft und mit Humor.

Gerade als ich dachte, ich könnte nicht länger aushalten, war die erste Runde vorbei. Ich wurde angewiesen, mich langsam abzukühlen. Dazu benutzte ich nicht die eisige Dusche; stattdessen wusch ich mein Gesicht mit Wasser und trank etwas davon. Mark suchte mich heraus und sagte enthusiastisch zu mir:

„Du hast es getan!"

Einigermaßen überrascht konnte ich sagen:

„Ich habe es sogar geliebt."

Und es war die Wahrheit. Abgesehen von der Sorge um meine Lungen, genoss ich das Gefühl von Mutter Erde aufgenommen worden zu sein.

Der zweite Durchgang war der der Gebete. Mark begann und betete für die Anwesenden, die den Verlust eines geliebten Menschen betrauerten oder die krank waren; ich empfand es als würde er mich direkt ansprechen. Er betete für die Einigkeit der Menschen, Tiere, Himmel und Erde. Dann gingen wir im Kreis herum. Jeder hatte die Möglichkeit, sein Gebet zu sprechen; viele von ihnen beschworen erst den Großen Geist, alle waren sehr persönlich. Von Zeit zu Zeit, wenn jemand ein Thema ansprach, welches wir wiedererkannten, würdigten wir es und bekundeten unsere Sympathie, indem wir „Ho!" sagten.

Mein Gebet reflektierte das Thema, wo ich immer noch mit kämpfte.

„Großer Geist, ich danke dir, dass ich hier sein darf. Ich bitte um deine Hilfe, um hinter mein Ego zu steigen und zu lernen, was Liebe ist; Liebe zu allem was ist, Liebe für mich selbst, was so schwierig zu sein scheint (die Übrigen stimmten mir zu und riefen „HoHo!") und hilf mir zu lernen, dass ich meinen Weg akzeptiere. Danke. Ho!"

Ich sprach sehr langsam; die Worte kamen aus meinem tiefsten Inneren und hallten in meinem Körper nach. Durch das laute Aussprechen meiner Sorgen vor diesen Leuten und in dieser heiligen Umgebung, fühlte ich meine Seele erhört und gesehen und mir war, als ob auf diese Weise bereits eine Tür in meinem Herzen geöffnet wurde.

In Runde drei sangen wir und erzählte uns Geschichten. Mark gab eine Schüssel mit Wasser rund und ermutigte uns, einiges von diesem dem Feuer zurückzugeben. Wir alle kamen dieser Bitte nach und gossen Wasser über die heißen Steine; der Dampf ließ nicht nach und es wurde fürchterlich heiß. Ich fühlte, wie sich meine Poren öffneten und das Wasser floss aus meinem Körper, hinein in die Erde.

In Runde vier, die sehr kurz war, konnten wir sagen, was auch immer wir brauchten, um diese Zeremonie zu beschließen. Das Ende des Zirkels ging wieder an Mark. Bevor er die Schwitzhütten-Zeremonie beschloss, berührte er meinen Arm und sagte:

„Meine kleine Freundin hier war so ängstlich und den ganzen Tag über so beunruhigt und nun geht es ihr gut."

Wie Recht er hatte! Ich erkannte es an mit einem Gefühl von Unglauben, Demut und Sieg.

Dies war also die Schwitzhütten-Zeremonie. Auf dem Boden sitzend, Schweiß rinnend über meinen Körper, fühlte es sich an, als ob man sich einschleusen würde in ein unendliches, universales Ritual der Reinigung, einem ursprünglichen Gefühl der Verwurzelung im Schoß von Mutter Erde.

***

Für ungefähr ein Jahr nahm ich an den Zusammenkünften teil und lernte mehr über die Cherokee-Medizin und die Traditionen. Auch hier fühlte ich, als stiege ich in ein warmes Bad von uraltem Wissen, was irgendwo in mir geschlummert hatte. Es war nicht nötig, irgendwelche Fragen zu stellen. Ich vermute, das ist so, weil die meisten Traditionen in der entfernten Geschichte aller Völker gefunden werden können, indem sie Zirkel, Mondphasen und die vier Windrichtungen für ihre Rituale nutzen. „Wie unten, so oben" und „Wie innen, so außen" sind elementare Begriffe in den meisten Kulturen.

In Gennis Lehre war unsere Verbundenheit mit der Natur, der Erde und den Himmelskörpern hervorgehoben; wir sind alle Teil eines holistischen Systems. Wie Chief Joseph sagte:

„Die Erde und ich selbst, wir sind ein Geist."

Respekt vor der Natur und allen lebenden Seins ergibt sich leicht, wenn man versteht, dass diese Verbundenheit und die Tatsache, dass alle Teile dieses Systems, inklusive uns Menschen, sich gegenseitig beeinflussen.

Nimm die vier Richtungen des Windes. Es scheint völlig vernünftig, dass uns so einfache Dinge gewahr sind, dass Osten dort ist, wo die Sonne aufgeht, Süden, wo das Licht herkommt, Westen, wo die Sonne untergeht und Norden dort, wo die Kälte herkommt; und ihre jeweilige Energie da nutzen, wo sie gebraucht wird. So sind zum Beispiel die Öffnungen der Schwitzhütten und die Altäre in den katholischen Kirchen immer dem Osten zugewandt. Bei einer neuen Idee oder einem neuen Projekt nutze ich die Energie des Ostens für das Pflanzen, den Süden für den Aufgang der Blüte, den Westen, um es in die Welt hinauszutragen und den Norden, um es zu verinnerlichen.

Ich lernte, dass es immer eine rechte Zeit und den richtigen Ort für alles gibt; dass bestimmte Rituale zu bestimmten Mondphasen abgehalten werden. Die Energie des Neumonds benutzt man zum Segnen und Willkommenheißen von Neuem in unserem Leben, den zunehmenden Mond, um etwas zu erhöhen oder anzuziehen, den abnehmenden Mond, um etwas zu verringern oder abzustoßen. Der Vollmond hat die kraftvollste Energie, um zu vollenden, reinigen und loszulassen, was immer erforderlich ist.

Genni lehrte durch Beispiele oder sie erzählte Geschichten. Sie hob die Wichtigkeit der Selbsterfahrung hervor.

Einige Male wiederholte sie, ich hätte die gleiche Kraft einer Schamanin wie sie eine sei, und ich sollte es für mich in Anspruch nehmen. Ich wusste, dass sie Recht hatte, aber ich war immer noch im Prozess, meinen Weg zu finden und deshalb hatte ich das Gefühl, es noch nicht für mich beanspruchen zu können.

Dann kam eine Zeit, wo wir beide spürten, ich hatte alles von ihr gelernt, was ich hätte lernen können und dass wir unsere eigenen Wege gehen sollten. Jedoch nicht bevor ich eingeladen war, Teil der Zeremonie der Namensgebung zu sein, zusammen mit zwei anderen. Genni kontaktierte ihre Tante, Schamanin der Cherokee in North Carolina, wo sie herstammte, und gab ihr eine Beschreibung dieser drei Menschen, welche zur Namensgebung berechtigt waren. Die Tante und ihr Kreis der Weisen hatten über die Kandidaten diskutiert und verliehen die Namen, welche anschließend an Genni übergeben wurden.

Die Zeremonie begann als alle Anwesenden sich, wie gewöhnlich, in einem Kreis hingesetzt hatten. Nach einer Runde vom Austauschen der Geschenke wurden wir drei in die Mitte des Zirkels ans Feuer eingeladen, wo wir im Rauch standen. Genni verlas unsere Namen und verlieh uns die indianischen Namen. Als sie zu meinem Namen kam, erklärte sie:

„Du bist den Winden aus allen vier Himmelsrichtungen zugewandt, du stellst dich deinen Herausforderungen."

Der Cherokee-Name, den die weisen Alten für mich gewählt hatten, war *„Ki-Mun'hon"* oder *Den Winden zugewandt*. Ich war gerührt, dass mein tiefes Sein erkannt worden war und fühlte mich mit diesem Namen geehrt. Wir wurden gebeten, uns den Menschen im äußeren Zirkel mit unserem neuen Namen vorzustellen. Ich ging von Person zu Person und nachdem ich ihn ungefähr dreißigmal ausgesprochen hatte, begann dieser ehrenwerte Namen zu leben und fühlte sich gut auf meiner Zunge an. Es war eine wertvolle Beendigung einer außergewöhnlichen Periode des Lernens und Erinnerns.

11. Vancouver und der Brüllende Berg

Während meiner Reise durch diesen Kontinent verliebte ich mich in Vancouver in British Columbia an der Westküste Kanadas. Die Stadt ist wunderschön gelegen, umgeben von Gewässern, Inseln, Bergen und einem Delta im Süden mit Tulpenfeldern (nein, ich habe keine Anteile am touristischen Gewerbe). Das Klima ist mild und nicht wenige Leute kamen aus der Prärie, um in Vancouver ihren Winter zu verbringen. Hier wollte ich sein.

Und so geschah es. In einer stürmischen Novembernacht im Jahre 1991 landete ich in Vancouver. Mit Ausnahme einer vielbeschäftigten Schwester eines Freundes kannte ich hier niemanden. Obgleich ich nicht viel Geld hatte, buchte ich ein Zimmer im Sheraton, in der Einsicht, dass, wenn ich in eine billige Absteige ginge, ich eben diese billige Energie anziehen würde. Von dort aus erkundete ich dann die Stadt und durch einen metaphysischen Buchladen – Banyen – kam ich schnell in Kontakt mit gleichgesinnten Menschen.

Ich blieb drei Nächte im Hotel, schlief drei Nächte auf irgendjemandes Sofa und drei Nächte bei irgendjemanden auf dem Flur, bevor ich einen Raum in einem wunderschönen Haus fand und gleich mietete. Es lag an der Küste mit einem Indoor-Pool. Natürlich konnte ich es mir nicht allzu lange leisten, aber die Eigentümer konnten Hilfe bei der Organisation und im Sekretariat ihrer verschiedenen Geschäftsbereiche gebrauchen und wir handelten einen Deal aus. *Voilá*, so begann mein Leben in Vancouver.

Mein natürliches Talent, Kontakte zu Menschen unterschiedlicher Herkunft zu knüpfen, kam mir gut zustatten. Während ich in der Stadt umherschlenderte und Veranstaltungen besuchte – in der Hauptsache spiritueller Art und davon gab es eine Menge – traf ich viele Menschen und ich begann ein Netzwerk zu bilden. Ich schloss mich einem wöchentlichen Frühstückstreffen für Heiler an und nahm an einem Workshop teil, der sich „Meisterschaft der Selbstäußerung" nannte; letzterer kam mit einer kompletten Gemeinschaft kreativer Leute.

Es fügte sich, dass ich in einem Trommelkreis landete. Bei Vollmond trafen wir uns mit einer Gruppe von ungefähr fünfzehn Personen. Eine große Anzahl von Percussion-Instrumenten stand uns zur Verfügung, und das Wichtigste von ihnen war eine Gemeinschaftstrommel, die gleichzeitig von vier Leuten geschlagen werden konnte. Ihre kraftvollen Vibrationen verfehlten niemals, mich unmittelbar sowohl mit den uralten Traditionen als auch mit dem Hier und Jetzt in Kontakt zu bringen. Ein würdiger Weg, den Mondzyklus zu ehren.

Indem ich indianische Zeremonien in der Region besuchte, lernte ich ihre Kultur immer besser kennen. Ich liebte es, die stolzen Tänzer aller Altersgruppen in ihren traditionellen Kleidern zu beobachten. Ich lernte auch einen individuellen Indianer kennen und zwar an einem unerwarteten Ort. Bei einem Retreat von Sri Sri Ravi Shankar, einem hinduistischen Guru, lernte ich Phil Mechuskosis L´Hirondelle, einen Älteren der Cree, kennen. Ich fand es eine einzigartige Verschmelzung von Traditionen. Phil wurde sowohl mein Freund als auch mein Lehrer, während ich seine Schwitzhütten, Zirkel und seine zahlreichen Zeremonien besuchte, die er einer Gemeinschaft aller Rassen anbot.

***

Mein Aufenthalt bei der Schamanin der Cherokee und Phils Lehrstunden hatten mir das Herz und die Augen für die Natur geöffnet. Der Kosmos, die Sterne und Planeten, Windrichtungen und Elemente, die Erde und das Reich der Menschen, Tiere, Pflanzen und Mineralien: alles lebte und vibrierte. Ich fühlte Respekt und Verbundenheit. Es war Balsam für meine Seele. Ich war mir sicher: diese herzliche Gemeinschaft mit der Natur war ein wichtiger Teil meiner Visionssuche. Als Symbol für diese Verbundenheit wurden mir schamanische Werkzeuge dargereicht.

Bei einem Besuch einer befreundeten Schamanin erwartete mich eine Überraschung, als sie den Raum verließ und in zeremonieller Kleidung wieder erschien. Sie entzündete Kerzen und ein Räucherbündel aus Salbei und reinigte damit zuerst den Raum und dann uns selbst. Sie gab mir eine Rassel und sang dazu ein Lied: *„Du bist meine Schwester, wir sind eins"*. Mit einer feierlichen Geste übergab sie mir ein Etwas, das in gelben Stoff eingewickelt war. Ich packte es behutsam aus und fand den wunderschönen goldenen Flügel einer Eule. Sie sagte mir, dass der Guide ihrer Visionssuche sie aufgefordert hätte, den Flügel an mich weiterzureichen, denn ich sei eine weise Frau. Demütig akzeptierte ich es in Dankbarkeit.

Der Adler ist ein Symbol der Klarsicht und Kraft. Ich war begeistert, dass ein Adler erschien, als ich auf einem Felsen an der Küste in der Nähe von Vancouver saß. Ich sah ihn auf einem nahestehenden Baum landen, auf einem kahlen, horizontalen Ast. Ich hatte alle Gelegenheiten, ihn zu beobachten, seine gigantischen Klauen, sein Gefieder, seinen kahlen, weißen Kopf und stechenden Augen, die eine ganze Zeit auf mich gerichtet waren. Dann rührte er sich und bewegte sich zu einem daruntergelegenen Ast. Ich freute mich besonders, als ein zweiter Adler geflogen kam und sich auf dem soeben freigewordenen Ast niederließ. Dieser war ein Koloss, beinahe noch einhalb mal größer als der andere – ein Weibchen, denn in der Welt der Adler sind diese größer als die Männchen. Sie schauten sich an und kommunizierten, indem sie einen Laut von sich gaben, den ich nie zuvor gehört hatte; in meinen Ohren hörte es sich an, wie irgendetwas zwischen einer Ente und einer Möwe. Sie war großartig, unruhig und flog bald zum nächsten Baum. Das Männchen blieb eine Weile länger.

Mit offenem Mund hatte ich auf die beiden majestätischen Raubvögel gestarrt, die nur wenig von mir entfernt gewesen waren. Diese Nähe war wie ein Geschenk, insbesondere, weil ich seit einiger Zeit den Wunsch geäußert hatte, eine Adlerfeder zu finden. Als der männliche Adler wegflog, ging ich darum langsam zu dem bestimmten Baum und suchte den Boden ab. Und ja, da fand sich eine große Feder, aufrecht stehend in der Erde, immer noch leicht vibrierend. Sehr vorsichtig zog ich sie heraus. Der Schaft war bleistiftdick. Die weichen Fahnen waren ein wenig angeschlagen auf der einen Seite, aber die Feder war absolut schön. Es fühlte sich an, als ob der Adler die Feder direkt an mich übergeben hätte.

Ich empfand es als eine große Ehre, dass diese Adlerfeder auf meinen Weg kam und wollte diesem Ereignis den gebührenden Respekt zollen. Dazu ging ich zu Phil, dem Cree-Älteren, und erklärte ihm die Situation. Er organisierte ein Initiationsritual mit einigen Älteren, wo wir in einem Kreis saßen und die Feder von Hand zu Hand reichten, um den Segen der Teilnehmer zu erhalten. Einer der Älteren sprach:

„Diese Feder hat viele Kämpfe gesehen. Es ist die Feder für einen Krieger, du hast wahrscheinlich in deinem Leben hart kämpfen müssen und die Menschen, die dich aufsuchen werden, sind ein wenig angeschlagen. Der Adler möchte, dass du einen Blick auf das große Bild wirfst und nicht auf das, was vor deiner Nase liegt!"

Ein anderer Älterer sagte, dass es die Feder eines Männchens von fünfundzwanzig Jahren sei (die Adler in dieser Gegend wurden um die vierzig Jahre alt).

„Die Feder symbolisiert die Weisheit, Kraft und Ehre."

Sodann übernahm Phil die Feder, hielt sie für eine Weile in seiner Hand und sagte:

„Die Feder kommt zu denen, die sie verdient haben. Es ist ein psychologisches Werkzeug, wenn du sie in deiner Hand hältst und sprichst. Du wirst kraftvoll sein, denn dieses ist eine starke Feder."

Ich dankte den Älteren für ihre Bereitschaft, die Feder zu initiieren und für ihre weisen Worte. Dann hüllte ich die Feder in ein seidenes Tuch, gab das traditionelle Geschenk, den Tabak, an Phil und verabschiedete mich.

Mittlerweile hatte ich gelernt, dass die Feder die Aura eines Menschen symbolisiert wegen der hohen Energie, die sie abgibt, und die überlagerte Struktur der einzelnen Fahnen gleicht ihrem Aufbau.

Der Stein ist ein Symbol des Selbst, das Immerwährende, Unerschütterliche, Solide. Ein Stein erschien in meinem Leben, als ich an einem Kiesstrand am Ozean lag mit ausgestreckten Armen und Beinen, und plötzlich einer in meine rechte Hand fiel. Es lagen andersartige Kieselsteine um mich herum. Dieser wich in seinem Aussehen von den anderen ab, ein besonders schöner, ovaler, flacher, dunkelgrüner Stein, möglicherweise von den Lavafeldern in Hawaii auf der anderen Seite des Pazifiks. Er hatte eine spezielle Energie und lag in meiner Hand, als wäre er für mich gemacht. Er wurde mein Heilstein, den ich überall hin mitnehme, wohin ich auch gehe.

Lasst es ordnungshalber gesagt sein, dass die Zuweisung einer psychologischen und spirituellen Eigenschaft zu Steinen, Tieren und Kreisen nicht reserviert ist für Schamanen, sondern so alt ist wie die Menschheit selbst.

***

Diese Verbundenheit zur Natur wurde greifbare Gegenwart in meinem Leben. So auch an einem Tag im September auf einer Insel namens Sechelt, nördlich von Vancouver, als ich am Rande einer Landstraße neben einem See anhielt. Jenseits des Sees ragte ein Berg auf, übersät mit dunkelgrünen Pinien, wo zwei weiße Äste auf einer Lichtung herausstachen, beinahe auf der Spitze. Es war, als schaute ich auf das Kreuz. Ich konnte meine Augen nicht davon ablassen, fühlte mich davon angezogen. Dann, plötzlich, war da eine Flutwelle von Lauten, als ob jemand durch ein Megaphon rufen würde. Verwirrt schaute ich mich um, aber es war niemand da.

Die Laute wiederholten sich und rollten den Berg hinunter. Der Berg brüllte! Ich kann es anders nicht beschreiben. Der Berg brüllte und die Worte überrollten mich:

ENDLICH FREI, ENDLICH FREI,
ALLMÄCHTIGER GOTT, ENDLICH FREI!

Ich stand wie angewurzelt auf dem Boden und rang nach Luft. Ich spürte das Vibrieren der Laute und der Worte in meinem Kopf und meinem Herzen. Es hallte in meinem ganzen Körper nach und wurde noch lange hinterher zum Echo; es war, als ob die Wahrnehmung von Freiheit mich nun auch auf der zellulären Ebene durchdrang. Überwältigt stand ich dort für eine lange Zeit, verloren in diesen Empfindungen. Erst als mein Auge das Bild eines Vogels einfing, der tanzte, wurde ich in die Gegenwart zurückgeholt. Nach einer Weile flog er weg, rosarot unter seinen Flügeln. Endlich frei, endlich frei, allmächtiger Gott, endlich frei.

Ich erkannte diese Worte aus der berühmten Rede von Martin Luther King im Jahre 1963, von welcher ich nur die ersten paar Sätze wusste: „Ich habe einen Traum". Später schaute ich den genauen Text dieser Rede nach und war ehrfürchtig ergriffen, als ich las, dass er eine Reihe von Bergen aufgezählt hatte, und mit den Worten endete:

„Von jedem Berghang lass die Glocken der Freiheit läuten!"

12. Sedona und Seelenschwester

Die Schamanin der Cherokee hatte mich ermutigt, nach Sedona in Arizona zu gehen, um dort jemanden zu treffen, und ich beschloss, ihrer Empfehlung nachzukommen.

Sedona ist eine einzigartige Stadt. Sie liegt in einem Tal, umgeben von zerklüfteten Felsformationen. Die Erde war rot, feuerrot, wegen des hohen Eisengehaltes. In bestimmter Weise wirkte es sehr vertraut, vielleicht wegen der vielen Westernfilme, die hier gedreht worden waren. Es war leicht, sich die jagenden Cowboys und Indianer vorzustellen und den Klang der Hufe der galoppierenden Pferde.

Wo nur sollte ich meine Suche beginnen und wonach sollte ich überhaupt suchen? Dies war typischerweise eine Frage des Bewusstseins der Gegenwart und meine Intuition zu folgen. Als Erstes erkundete ich das Gebiet. Sedona hatte sich zu einem Touristenzentrum entwickelt und überall wurden Jeep-Touren angeboten. Eine Agentur bot die „Friedvolle Krieger-Tour nach nativer amerikanischer Tradition zu einer Heiligen Stätte mit einem sachkundigen Führer". Genau das, was ich brauchte. Ich äußerte meinen Wunsch, eine Tour ganz für mich alleine buchen zu können und war hocherfreut, dass dieser Wunsch in Erfüllung ging.

Dann, an einem Mittwochnachmittag, bei strahlendem Sonnenschein mit einer leichten Brise, stieg ich in einen Jeep und brach auf mit einem Führer namens Rick. Es war ein seltsames Gefühl, in einem offenen Jeep durch diese ausgedörrte Landschaft zu fahren, lebhaft bewusst der Farben und des Geruchs, des Staubes und des Windes.

Rick fragte mich, warum ich diese spezielle Tour gewählt hatte. Ich antwortete, dass es etwas mit meiner Affinität zu den nativen Ureinwohnern zu tun hatte und dem Fakt, dass eine Cherokee-Schamanin mir aufgetragen hatte, nach Sedona zu gehen. Er erzählte, dass seit jeher verschiedene Stämme in dieser Gegend gelebt hatten. Er machte Ausführungen zu Flora und Fauna. Ich war erstaunt, als ich hörte, dass bestimmte Kakteen gegessen werden konnten und dass die Ureinwohner aus ihrer weichen Rinde Windeln herstellten.

Sedona ist einer der wenigen Orte dieser Welt mit Wirbeln, sogenannten Vortexes, die nicht vom Wind oder Wasser geformt wurden, sondern von spiritueller Energie. An mehreren Stellen in und um die Stadt waren elektromagnetische Energien spürbar vorhanden. Man sagt, dass sie die Erkenntnisse und Heilungen fördern und erhöhen die Auswirkungen der Gefühle, wie ich später selber feststellen sollte.

Nach einer durchgerüttelten Fahrt über kaum sichtbare schmale Wege stoppten wir an einem Flüsschen, welches von Bäumen gesäumt war. Wir liefen zu einer Bank auf einer offenen Lichtung nahe einer Biegung. Die Reflexionen der Bäume und Büsche im Wasser, die überladenden Äste, die das Sonnenlicht filterten, und die Stille machten es zu einer friedvollen, beinahe paradiesischen Kulisse. Die runden, flachen Steine im Schatten boten einen komfortablen Sitzplatz.

Rick schlug vor, ein Medizinrad zu machen; „Medizin" bedeutet hier Lebensenergie. In einem Medizinrad repräsentieren Steine und tierische Symbole Erde, Sonne, Mond, die vier Windrichtungen und die Elemente, welche ihrerseits bestimmte Lebensqualitäten andeuten. Die Mitte ist der Punkt der Ganzheit und Schöpfung. Wir legten die Richtungen der Winde fest, hoben Steine auf und kreierten ein Medizinrad mit dem gebührenden Respekt. Dann umkreisten wir es einige Male, bevor ich im Westen beim Grizzlybären stoppte, dem Symbol für innere Stärke. Ich streckte mich aus auf Mutter Erde, während Rick mich durch eine kurze Meditation führte, in welcher diese innere Stärke wachgerufen und verankert wurde. Ich spürte, wie eine kraftvolle Energie meinen Körper erfüllte und ihn durchströmte, vertieft durch die umgebende Natur. Mit einem Ruck kam ich zurück ins Hier und Jetzt.

Es gab noch mehr zu entdecken und so verabschiedete ich mich mit einiger Melancholie von diesem wunderbaren Ort.

Wir gingen zurück zum Jeep und fuhren einige Meilen zum Flughafen Mesa Vortex, dem eine spirituelle Vertiefung angedichtet wurde. Von einem Extrem zum anderen; nach der Abgeschiedenheit an dem Flüsschen bot diese Seite einen weiten Blick über das Tal und die Felsformationen. Ein großes Medizinrad war bereits auf dem Boden ausgebreitet. Ich ging bis zum Rand dieser Hochebene und nahm das atemberaubende Panorama in mich auf. Einem Impuls folgend, legte ich mich auf den roten Steinen nieder. Ich wurde der Hitze gewahr und dem raunenden Ruf eines Raben, dem ein Kamerad auf der anderen Seite des Tales antwortete. Ansonsten herrschte hier eine tiefgreifende Stille. Nach einer Weile erfuhr ich mich nicht länger als einzelnes menschliches Wesen; ein Gefühl der Einheit mit den Felsen, der Erde, den Vögeln und dem Himmel breitete sich in mir aus; ein intensives, bewegendes Erlebnis.

Es brauchte einige Zeit, um in meinen Körper und die Welt um mich herum zurückzukommen; ein Gefühl des inneren Friedens blieb. Eine gewaltige Welle von Energie folgte daraufhin, sodass ich, sobald wir wieder im Jeep saßen, es nicht lassen konnte, auf meinem Sitz hin und her zu hüpfen; der Wind in meinen Haaren und die Abendsonne auf meinem Gesicht stärkten es nochmal.

Langsam wandelte sich die Landschaft einfach atemberaubend: nicht nur die Erde war rot, sondern die untergehende Sonne färbte auch den Himmel rot. Durch diese pulsierende Kulisse kehrten wir zurück in die Zivilisation. Das Ende eines unvergesslichen Nachmittags, woran ich noch eine lange Zeit denken musste.

Am nächsten Morgen wanderte ich in einen verwilderten Wald nahe der roten Felsen und nach einiger Suche nach dem rechten Platz setzte ich mich unter einen Baum neben einem großen Kaktus. Die rote Erde schien wie ein Magnet zu wirken. Wie am Nachmittag zuvor überkam mich unverzüglich das Gefühl, als würde ich in der Erde versinken und mit der Natur verschmelzen. Ich war mir bewusst, dass ich gleichzeitig Alles war und Nichts. Zeitlos. Auch buchstäblich: meine Uhr hatte nämlich in dem Moment aufgehört zu ticken, als ich mich hinsetzte. Später fand ich heraus, dass man diesen Platz „Feenfels" nannte, ein passender Name.

Während des gesamten Nachmittags, wo immer ich ging, hatte ich das Gefühl, durch die Augen eines Ureinwohners zu schauen, der einst in dieser Region gelebt hatte. Ich hatte das Bedürfnis, laut herauszuschreien, sah mich selbst auf dem Felsen stehend. Neue Häuser, welche sich an diese anlehnten, irritierten mich. Sie gehörten dort nicht hin.

Es war Vollmond und ich beschloss, während der Nacht draußen zu bleiben. Eingehüllt in eine Decke, saß ich mit meinem Rücken gegen einen Stein gelehnt, nach einer gründlichen Inspektion des Bodens und einer Frage nach Erlaubnis von Mutter Erde. Ich saß nicht allzu weit von meinem Wagen entfernt, denn ich teilte den Platz mit Berglöwen, Schweinen und einer Armee von Nagern und Krabbeltieren und fand es – ein Stadtkind, welches ich war – ein wenig bedrohlich. Ich erinnerte mich selbst daran, dass ich mich während meiner Visionssuche soweit immer beschützt gefühlt hatte und dass, solange ich in meiner Wahrheit blieb und den Hinweisen folgte, dieser Schutz wahrscheinlich fortgesetzt würde.

Bedächtig setzte ich mich nieder und langsam gewöhnte ich mich an das Umfeld. Der volle Mond warf ein blaues Licht über die stille Landschaft, welches ihm einen bezaubernden Charakter verlieh. Zusammen mit dem sanften Wind auf meiner Haut, der lauen Nacht, den Düften und Geräuschen, erlebte ich es als ein Fest für meine Sinne, mit dem Mond als überragendem Gastgeber. Ich spürte die Anziehungskraft des Mondes und das erinnerte mich an die vielen Babys, die in dieser Nacht geboren würden, dachte an seinen Einfluss auf die Natur: die Ozeane und Gezeiten, den Saft in den Bäumen und Pflanzen und menschlichen Körpern inklusive der Menstruationszyklen und selbst des Gehirns. Es war leicht, sich vorzustellen, dass der geheimnisvolle, sanfte, weibliche Mond durch alle Zeiten hindurch angebetet wurde. Der Mond bewegte mich auch, immer und überall.

Ich atmete tief ein und konzentrierte mich auf meine Atmung; die Laute um mich herum wurden dumpf. Die Stille wurde greifbar, als ob sie in mir von außen her gelandet wäre. Das Außen verblasste und ich wurde die Stille. Ich spürte mich selbst tiefer in die Erde versinken, fühlte ihr Vibrieren als auch das des Mondes, zuerst in meinem Bauch, dann in meinem ganzen Körper. Ihr Vibrieren begann langsam, nahm aber zu, bis es wie ein leuchtender Blitzeinschlag schien und ich der Stromleiter war zwischen Himmel und Erde. Ich war wie angenagelt auf diesem Punkt, mein Kopf fiel zurück und mein Körper schüttelte sich. Es fühlte sich wie eine Ewigkeit an bis allmählich die Intensität abnahm und ein leichtes Beben zurückblieb. Als ich schließlich meine Augen öffnete und mir der Welt wieder bewusst wurde, sah alles anders aus; es war, als ob ich in das Wesen von allem um mich herum hineinschauen konnte, wie durch eine Nachtsichtbrille.

Ich blinzelte, aber die Vision blieb. Leicht benommen, gewann ich langsam wieder die Kontrolle über meinen Körper zurück. Ich blieb wo ich war und beobachtete einen atemberaubenden Sonnenaufgang. Dann, sehr behutsam, stand ich auf, schüttelte meine Gliedmaßen, dankte der Mutter Erde, ehrte sie mit Tabak und ging zu meinem Wagen.

Zurück im Hotel nahm ich eine Dusche und versuchte etwas zu essen. Ich konnte das Essen nicht bei mir behalten, mir wurde übel und ich musste mich wieder und wieder erbrechen. Es fühlte sich an, als ob mein Körper geladen wäre, meine Haut spannte sich zu eng um meine Knochen und ich bewegte mich ungefähr wie ein hüpfender Ball. War dies die Wirkung der Vortexes? Mein Körper konnte mit diesen enormen Energiewellen nicht umgehen; nach einigen Stunden wurde es unerträglich.

Ich wollte hier raus, und zwar jetzt! Ich ging zu dem kleinen Flugplatz von Sedona, der übersät war mit kleinen Flugzeugen. Einige von ihnen boten häufig Taxiflüge nach Phönix und ich buchte einen. Ich war nicht die Einzige, die von diesem Ort floh. Kurz vor dem Take-off kam ein großer Jeep auf das Flugzeug zugerast, der Fahrer sprang heraus und half einer Dame behutsam auszusteigen; sie war böse zusammengeschlagen worden, alles geschwollen und schwarz und blau, und vorsichtig hielt sie ihren Arm; ein fürchterlicher Anblick. Schweigend saßen wir zusammen in diesem kleinen Flieger, ich erbrechend und sie ... Ich fühle mich gesegnet sagen zu können, dass ich nicht einmal erraten konnte, wie sie sich fühlte. In Phönix fragte ich sie, ob sie Hilfe benötigte, was sie ablehnte.

Von Phönix aus flog ich zu alten Freunden in San Francisco und mein Erbrechen hielt noch vierundzwanzig Stunden an. Später verstand ich, dass mein Körper geschult wurde, diese starken Energien durch ihn hindurchströmen zu lassen; es war ein Aufbau.

Als der Staub sich legte, zog ich Bilanz von meinem Besuch in Sedona: Ich wurde sowohl aufgelöst als auch geladen mit Energie, erlebte vergangene Leben und Einheit, und konnte nun mein Repertoire um eine Art von Röntgenvision ergänzen. Wirklich ein denkwürdiger Aufenthalt.

Der nüchterne, analytische Teil von mir missbilligte dieses Erlebnis ein wenig, aber eindeutig hatte das Rationale den zweiten Rang im roten Land der Vortexes.

***

Jedoch war dieser dramatische Rückzug unbefriedigend. Hatte die Cherokee-Schamanin nicht gesagt, ich würde irgendjemanden in Sedona treffen? Diese Mission war also noch nicht beendet. Deshalb flog ich einige Monate später wieder zurück, ein wenig gespannt wegen der Energie der Eisenerde.

Infolgedessen kam es dazu, dass ich im April 1992 in einem B&B in der Peripherie von Sedona wohnte, mich für eine Weile in diesem großen Haus versteckte und meine Ausflüge plante, um meinen Körper an dieses Schwirren zu gewöhnen.

Dann begegnete ich eines Tages in der Küche einer Frau. Wir schauten einander an und da war ein unverzügliches gegenseitiges Wiedererkennen. Zeitgleich riefen wir begeistert:

„Hey! Wie geht es dir?"

Wir beide waren überzeugt, wir hätten uns bereits vorher schon einmal irgendwo getroffen, konnten uns beim besten Willen aber nicht erinnern, wo das gewesen sein sollte. Wir begannen eine Liste der Möglichkeiten abzuhaken. War ich dann und dann in England? Nein. War sie dann und dann in Seattle? Nein. Sie war in den Niederlanden gewesen, aber in Breda, einer Stadt, die ich nie besucht hatte. Wir waren perplex.

Sie war Amerikanerin und tourte auf eigene Faust durch den Südwesten. Sie wollte im Garten campieren, aber es war Nachtfrost und ihr Zelt war nicht frostfest. Das B&B war voll. Es ergab sich, dass ich ein großes Zimmer mit zwei einzelnen Betten in verschiedenen Ecken hatte, deshalb bot ich ihr an, dass sie mit mir das Zimmer in dieser Nacht teilen könnte. Ich bereitete mich auf die verschiedene Energie vor, die eine andere Person normalerweise mit sich bringt. Zu meiner Überraschung geschah das nicht; stattdessen war da eine sofortige Vertrautheit. Während der nächsten Tage war es selbstverständlich, dass wir zusammen irgendwo hingingen und die Landschaft erkundeten. Wir unterhielten uns häufig, lauschten aber auch der Stille. Es wurde der Anfang einer starken und – wie sich später herausstellte – karmischen Freundschaft.

Ihr Name war Ellen, geschieden, mit drei Töchtern (mit welchen ich später eine große Beziehung als Tantchen A bekam) und einer Enkelin. Sie hatte einen stark entwickelten Sinn für

Gerechtigkeit und Ehrlichkeit, die Courage, auf die Barrikaden zu gehen gegen innere und äußere Dämonen, und das Talent, komplexe Situationen in klare Worte auszudrücken. Ihre Intuition war unbeirrbar. Zu der Zeit, als wir uns trafen, war sie Psychotherapeutin, aber mit ebensolcher Hingabe renovierte sie alte Häuser, kochte für große Gruppen und schrieb Bühnenstücke.

Es stellte sich heraus, dass wir Ähnlichkeiten hatten im Geschmack (in Mode und im Essen) und Rhythmus (in der Musik und im Biorhythmus – wir mussten zum Beispiel immer zur gleichen Zeit zur Toilette), Humor (wir erkannten die Komik in unerwarteten Situationen und machten eine Oper aus dem Kauf eines Kühlschrankes) und Auffassung (erkennen des Irrelevanten, Tiefgreifenden und Unendlichen); und insbesondere in unserer spirituellen Entfaltung (unabhängig voneinander sind wir oft an demselben Punkt). Es zeigte sich, dass wir als gegenseitiger Katalysator der persönlichen Entwicklung wirkten. Ich lernte von ihr, dass Konfrontationen die Luft reinigen können und sie lernte von mir, dass Schweigen Gold sein kann; ich lernte von ihr eine irdische Herangehensweise und sie lernte von meinem Vertrauen in das Universum. Manchmal wurde die Straße etwas holperig und wir sprachen eine Weile nicht miteinander, aber unsere starke Verbundenheit überwog. Sie war mir eine große Hilfe, meine innere Freiheit und Authentizität zu finden.

Ein befreundeter Astrologe legte mal unser beider Horoskope übereinander und fand heraus, dass elf von unseren zwölf Häusern und Planeten absolut identisch waren. Sie war die Person, die ich nach der Cherokee-Schamanin treffen sollte. Eine Seelenschwester im wahrsten Sinne des Wortes.

13. Katharer

Das beiderseitige Gefühl des Wiedererkennens bei unserem ersten Treffen war dermaßen stark, dass sowohl Ellen als auch ich fest davon überzeugt waren, uns aus einem früheren Leben her zu kennen. Wir wollten herausfinden, was daran wahr war und so starteten wir ein Experiment. Wir setzten uns gegenüber, sodass unsere Knie sich berührten, und schlossen die Augen. Wir fokussierten uns auf die Atmung und leerten unseren Geist; dann warfen wir unsere Frage zum früheren Leben ins Universum. Beide hatten wir die lebendige Szene einer französischen Stadt, Foix, eingebettet in ein Blumenmeer am Fuße der Pyrenäen im 14. Jahrhundert, vor Augen. Es war die Zeit der Katharer.

Da waren sie wieder, die Katharer. Angespornt durch die Anmerkung des Mediums, dass ich ein vorheriges Leben als Katharer geführt hatte, begann ich darüber nachzulesen und fand heraus, dass sie vom 10. bis 14. Jahrhundert hauptsächlich im Süden von Frankreich gelebt hatten. Sie waren Gnostiker, Menschen, welche an die Dualität der Dinge, eben der guten spirituellen Schöpfung als auch dem Übel des Materialismus, glaubten. Ihr Name wurde abgeleitet von dem griechischen Wort *„Katharsos"*, welches unverfälscht und rein bedeutet; das Wort „Katharsis", Läuterung, ist wortverwandt. Die Katharer strebten nach Unverfälschtheit, suchten nach einer unmittelbaren Erfahrung der göttlichen Quelle in sich selbst. Alle Seelen waren in ihren Augen gleich; sowohl Männer als auch Frauen konnten den Status des „Vollkommenen" erlangen und religiöse Dienste anbieten. Die Katharer sahen Christus als Boten, nicht als den Erlöser und sie lehnten den Gedanken der Ur-Sünde und Eucharistielehre ab. Auch glaubten sie an die Wiedergeburt.

Die katholische Kirche war nicht gerade erfreut über diese offensichtliche Zersetzung ihrer Autorität, insbesondere weil die Katharer wohlorganisiert und weit verstreut im Languedoc lebten. Rom sandte die Inquisition und sie wurden der Ketzerei beschuldigt, gefoltert, auf dem Scheiterhaufen verbrannt und ihre Schriften zerstört. Es dauerte bis Mitte des 14. Jahrhunderts, bevor die Religion der Katharer ausgelöscht war.

Um unsere Neugier zu befriedigen, beschlossen Ellen und ich eine Reise in den Süden von Frankreich zu unternehmen. Von Paris aus fuhren wir durch Bordeaux und Toulouse in das Languedoc. Im 12. und 13. Jahrhundert hatte eine Art „New Age" in dieser Region stattgefunden. Eine kultivierte Gesellschaftsschicht war entstanden, in der Naturwissenschaften und Philosophie gediehen, Dichtung und Minnegesang gerühmt, Griechisch, Arabisch und Hebräisch studiert wurden. Unter diesen Bedingungen konnten Druiden, Katharer und Templer aufblühen. Sowohl im Languedoc als auch in Ariège-Distrikt herrscht immer noch eine mystische Atmosphäre und viele Plätze fühlten sich vertraut an.

Unser Bestimmungsort war Ussat-les-Bains, ein verschlafenes kleines Örtchen am Fuße der Pyrenäen, welches wir an einem sonnigen Nachmittag im Juni erreichten. Nach einiger Suche fanden wir ein Apartment in einer alten Villa; kurz zuvor renoviert, bot sie wunderschöne Räumlichkeiten mit hohen Decken und Fenstern mit hölzernen Läden davor. Wir machten es uns heimisch gemütlich, indem wir die Möbel verschoben und Blumen und Kerzen arrangierten.

An diesem Abend machten wir einen Spaziergang, der uns aus dem Dorf hinausführte; kein Mensch war zu sehen und so setzten wir uns in die Mitte der Straße, um der Stille zu lauschen und die Schönheit des Vollmondes zu genießen, gut sichtbar in dieser dünn besiedelten Landschaft.

Diese Gegend besitzt ein weitverzweigtes Höhlensystem, welches Druiden, Katharer ebenso wie Templer für ihre religiösen Zeremonien benutzt hatten. Wir besaßen eine einfache

Karte dieses Tunnelsystems und seiner vermuteten Funktionen zur damaligen Zeit. Die Höhlen von Ussat beherbergten sowohl Küche als auch Kapelle und im nahen Ornolac befand sich die Initiationshöhle der Katharer.

Am folgenden Morgen fuhren wir nach Ornolac und, der Karte folgend, kletterten wir auf einem kleinen Zickzack-Pfad bis hinauf in die Berge. Auf halbem Wege fanden wir eine hölzerne Tür mit einem Zeichen, welches sagte:
„Dies ist das Heiligtum der Katharer: Bethlehem."
Durch ein Labyrinth von Höhlen und Wegen erreichten wir die Initiationshöhle. Es war ein rechteckiger Raum mit einem großen steinernen Tisch in der Mitte, der aussah wie ein Dolmen und einst wohl als Altar diente. In den Wänden waren Symbole eingeritzt; am Ende der Höhle befand sich eine Öffnung, durch welche man das Tal überblicken konnte.
Die jahrhundertealten Traditionen und deren heilige Atmosphäre waren greifbar. Ich bekam Gänsehaut, als ich erkannte, dass dies die Höhle war, welche ich in der Rückführungssitzung gesehen hatte. Das Bild von dem Ritual in der Höhle tauchte wieder auf, bei dem ich einen Kristall von einem alten Mann überreicht bekommen hatte als Symbol von Weisheit und Heilung. Es ließ mich in Ehrfurcht erschauern, sowohl der Platz als auch die Vorsehung.

Ich ging allein zu den Lombrives, dem größten Höhlensystem Europas, vornehmlich die „Kathedrale" der Katharer. Als ich gegen 11.00 Uhr morgens auf den Parkplatz einbog, war alles leer, eine tiefe Stille regierte. Ich ging zum Touristenshop hinüber und fand einen Mann, der mir sagte, dass die nächste Tour um 14.00 Uhr starten würde, was für mich zu spät war. Zu dumm! Ich begann zu feilschen und versuchte, ihn zu überreden und fragte, ob es denn nicht möglich sei, dass ich auf eigene Faust hineingehen könnte. Nein, auf keinen Fall ohne einen Führer! Ob ich denn seine Dienste buchen könnte? Nicht jetzt. Er fragte, ob ich denn nicht am

Nachmittag wiederkommen könnte? Nein, jemand wartet auf mich und wir müssen diese Region dann verlassen. Wir konnten keine Übereinkunft erreichen. Ich rang meine Hände zum Himmel und fragte, ob ich denn wenigstens im Shop nach ein paar Karten schauen dürfte. Das war mir erlaubt. Ich spürte seine Augen auf mir als wolle er abwägen, und nach einigen Minuten des Zögerns wurde er wohl mitleidig und sagte:

„Okay, ich bringe Sie hinein. Wie lange wollen Sie in der Kathedrale bleiben?"

Mit einem großen Strahlen antwortete ich:

„Eine Stunde, fünfzehn Minuten, sogar fünf Minuten wären großartig!"

„Gut, ich mach´s, aber ich werde ihnen nichts erklären. Sie können mir dreißig Franc dafür geben."

Ich gab ihm fünfzig.

Wir liefen hinaus und stiegen auf einen kleinen Zug mit offenen Waggons, der uns in die Berge brachte. Als wir ausstiegen, war es noch ein ziemlicher Anstieg zum beeindruckenden Eingang der Höhle. Er führte mich hinein und wir liefen ungefähr fünf Minuten durch einen galerieähnlichen Raum mit spärlicher Beleuchtung, ab und zu war es sehr niedrig und wir mussten uns tief beugen. Ich war froh, dass ich meinen Mantel angezogen hatte, denn es war hier deutlich kälter als draußen. Endlich erreichten wir die Kathedrale. Er sagte mir, dass ich um Punkt 12.00 Uhr am Eingang zurück sein sollte, es war 11.35 Uhr. Er drehte das Licht an und ging.

Ich war sprachlos bei dem überwältigenden Anblick eines unermesslichen steinernen Raumes, die gelben, weißen und schwarzen Farben, und einer abfallenden Mondlandschaft auf dem Boden. Für eine Weile stand ich still, um mich zu akklimatisieren, dann begann ich langsam nach oben zu laufen und setzte mich auf einem der Steine nieder. Zu meiner Linken sah ich eine Art von Stalaktiten, brillant und monumental; es erinnerte mich an die Kunst Südamerikas.

Buchstäblich und im übertragenen Sinne fiel ich in vollkommene Stille; ich erfuhr die Einheit von Mensch und Natur, von Unvergänglichkeit. Die verschiedenen Inkarnationen dieser Seele verschmolzen in einem Menschen an einem geheiligten Ort. Dann fand ich mich selbst aufstehend, meine Arme weit ausbreitend und sagte: *„Merci, mon Dieu, pour tout cela.* Danke dir, Großer Geist," und wiederholend in Niederländisch; meine Stimme, weich und tief, echote in der Höhle. Nach einer Weile ging ich weiter, nach einer Biegung war noch eine andere große Höhle. Ab und zu warf ich einen Blick auf meine Uhr und bemerkte, dass die Zeit nur so verflog. Ich hätte mich gerne noch hingesetzt, um zu meditieren, aber das war nicht mehr möglich, ich musste zurück. Ich kletterte über die Mondlandschaft zurück zum Eingang der Kathedrale, drehte mich noch einmal um und verabschiedete mich mit einer tiefen Verbeugung. Vorsichtig, aber zügig lief ich zurück durch den Korridor zur Öffnung, wo der Führer schon auf mich wartete. Es war exakt 12.00 Uhr.

Er drehte das Licht aus. Schweigend lief ich ihm voraus zum wartenden Zug, drehte mich um, schüttelte seine Hand und dankte ihm aus tiefstem Herzen. Ich erzählte ihm von meiner Verbundenheit mit den Katharern. Er sagte, er hatte das auch und daher ... er machte eine ausladende Gestik, welche die Höhlen und die Kathedrale anzeigte. Ich sagte:

„Wir verstehen einander."

Er erwiderte:

„Tout à fait." („Absolut"), und fügte hinzu:

„Nicht viele Menschen haben die Kathedrale für sich allein!"

Ich fühlte mich tief geehrt: Gefühle von Dankbarkeit, Freude und Erregung wechselten eines nach dem anderen in hohem Tempo.

Wenn die Lombrives ihre Kathedrale gewesen war, dann musste Chateau de Montségur die Festung der Katharer gewesen sein. Die Ruinen der ausgelöschten Hochburg ragen immer noch hoch auf dem Berg selben Namens, aus weiter Ferne erkennbar. Es war auch ihr spirituelles Zentrum; die Sage erzählt, dass es einen wichtigen Schatz verborgen hält. Es gehen Gerüchte vom Heiligen Gral umher und Montségur wurde die Gralsfestung genannt. Vergeblich hatten die Armeen der Krusaden mehrmals versucht, die Festung einzunehmen. Dann wurden in 1242 zwei Mitglieder der Inquisition durch die Katharer umgebracht und die Angriffe wurden beträchtlich verstärkt. Im Jahre 1244, nach einer langen Belagerung, gaben die Katharer schließlich auf, und Amnestie wurde denen gewährt, die der katholischen Kirche Gefolgschaft schworen. Die *„Parfaits"*, die sich dem widersetzten, würden auf dem Scheiterhaufen verbrannt werden. Und so kam es, dass am 16. März 1244 mehr als zweihundert Katharer am Fuße von Montségur lebendig verbrannt wurden. Die Legende erzählt, dass sie ausriefen:

„In 700 Jahren kommen wir zurück!"

Der Besuch von Montségur brachte zwiespältige Gefühle. Abseits der wilden Schönheit und der greifbaren Vergangenheit hing eine schwermütige Atmosphäre über dem „Feld der Verbrannten". Es gibt eine Gedenktafel mit dem Text

„Als catars, als martirs del pur amor crestian".

Ich legte eine Blume nieder und zog mich fluchtartig zurück. Ellen war überhaupt nicht aus dem Wagen gestiegen.

In den Chroniken der Inquisition gibt es einige Einträge, die erwähnen, dass es vier „Parfaits" gelungen ist, von Montségur zu entkommen und den Schatz der Katharer in Sicherheit zu bringen. Heutzutage gibt es wieder viele Spekulationen, was es gewesen sei und wo er jetzt wohl sein könnte.

Bemerkenswert oft begegnete ich an vielen Plätzen rund um die Welt Menschen, die sich den Katharern sehr verbunden fühlten. Viele von ihnen waren um 1944 geboren worden. In jüngster Zeit erschien eine Lawine von Büchern, Webseiten und Spekulationen über die Katharer. Zweifellos gibt es ein wiederauflebendes Interesse an ihnen, über siebenhundert Jahre nach dem grausamen Geschehen am Montségur.

Natürlich besuchten wir auch Foix. Der größte Teil des Schlosses der Grafen von Foix stand immer noch. Esclarmonde de Foix (1155–1240) hatte man die „Prinzessin der Katharer" genannt. Sie war Heilerin gewesen; Gemälde zeigen sie mit einer weißen Taube auf ihrer Schulter. Die Session unseres vorherigen Lebens war in unseren Gedanken immer noch gegenwärtig. Es war eigenartig, auf dem Marktplatz zu stehen im Hier und Jetzt, umherzuschauen und zu spüren, dass dieses einmal vertrauter Boden gewesen war. Das Schloss ragte immer noch über dem Dorf empor. Die Autos und viele Werbetafeln gehörten hier nicht her, und ich vermisste das Geräusch klappernder Hufe, aber ansonsten war es genau so, wie wir es im 14. Jahrhundert gesehen hatten.

Wir fuhren die Route des Corniches entlang, eine ruhige Straße in einer wunderschönen Landschaft. Wir schauten uns nach einem schönen Platz für ein Picknick um und fanden auch einen. Er war aber schon besetzt. Ellen, die auch hellsichtig ist, wusste, dass diese Leute diesen Ort innerhalb der nächsten fünf Minuten verlassen würden und so war es auch! Es war eine wundervolle Kulisse am Wasser, sowohl mit Sonne als auch mit Schattenplätzen, weitläufig und in mitten hügeliger Auen.

Ich wollte tanzen, kramte meinen Walkman heraus und fand einen Flecken, wo ich zwar den Ausblick genießen, jedoch nicht gesehen werden konnte. Meine Musikcassette „Donnertrommeln" war genau richtig. Auf meinen bloßen Füßen gab ich mich total dem Rhythmus der Trommeln, dem Tanz und der Erde hin. Es fühlte sich an, als würden sich die vergangenen Kulturen der Katharer und der Indianer für mich und in mir vereinigen. Ich liebte diese Musik hier im Land der Katharer und ich liebte es, dazu zu tanzen. Ich hielt Ausschau über die Pyrenäen von der Spitze meines Hügels und fühlte mich zu Hause, auch hier.

***

Auf dem Rückweg nach Amsterdam verbrachten wir eine Nacht in Blois, in einem alten Hotel in der Nähe eines Schlosses an der Loire. Mitten in der Nacht hatte ich einen lebhaften Traum. Eine Frau, gekleidet in weiße Schleier, winkte mich herbei, um in den Fluß zu gehen, zuerst ganz sanft, dann immer beharrlicher, mit einer gespenstischen, wehklagenden Stimme:

„Kooomm...., kooomm... "

Sie packte mich am Arm und begann mich ins Wasser zu zerren. Im Hintergrund hörte ich einen Hitchcock ähnlichen penetranten Laut, abschreckend und furchterregend!

Ellen weckte mich und sagte, dass ich mich für eine Weile fürchterlich umhergewälzt und ganz ängstlich im Schlaf gesprochen hätte. Ich erzählte ihr von meinem Traum und während ich ihr berichtete überlief mich eine Gänsehaut am ganzen Körper. Ich spürte immer noch die Gegenwart dieses Wesens. Es ängstigte mich und ich wagte nicht wieder einzuschlafen. Es war 2.00 Uhr, aber ich sagte, dass ich eigentlich jetzt schon abfahren wollte. Ellen griff diesen Vorschlag unverzüglich auf; sie hatte auch die Präsenz dieses Alien gespürt. Wir waren uns beide einig, dass ein Gespenst umging.

Dass wir zudem noch von einer Armee von Moskitos bei lebendigem Leib verspeist wurden, das brachte das Fass zum Überlaufen. Wir entschieden sofort aufzubrechen, das Gespenst nicht mehr zu erwähnen, sondern den Moskitos die Schuld dafür zu geben. Ich rief den Empfang an und bekam einen sehr schläfrigen Herrn ans Telefon, der mir sagte, dass er zur Rezeption kommen würde. Wir packten schnell und verließen das Zimmer. In meinem sehr eingerosteten Französisch erklärte ich ihm, dass wir das Hotel verlassen würden aufgrund der *„mouchoirs"*, ganze Wolken von *„mouchoirs"*. Ellen drückte anschaulich aus, was wir meinten, indem sie wiederholt mit den Armen in der Luft umherschlug, um zu demonstrieren, wie wir uns vor den Moskitos schützen mussten. Sein Gesicht sprach Bände; es war klar, er hielt uns für extrem verrückte Irre. Mit entschiedenen Schritten ging er zur

Tür und hielt sie weit auf, nur um uns schnellstens mit einer majestätischen Geste hinauszudrängen und murmelte für das Protokoll „*désolé...*" („es tut mir leid"). Kichernd fuhren wir fort, fühlten uns gut, weil wir selbstbewusst gehandelt hatten.

Am nächsten Tag waren wir zurück in den Niederlanden. Sitzend unter einem Baum im Garten einer Freundin erzählten wir ihr diese Geschichte in allen glorreichen Einzelheiten. Nachdem wir geendet hatten, war sie zuerst einen Moment ganz still und dann brach sie in schallendes Gelächter aus. Es stellte sich heraus, dass „*mouchoir*" nicht „Moskito" bedeutete, sondern „Taschentuch" („*mouche*" ist eine Fliege, also war ich schon nahe dran.) Und so hatten wir dem Mann berichtet, dass wir von einer Horde fliegender Taschentücher angegriffen worden waren. Kein Wunder, dass er uns so schnell als möglich loswerden wollte. In den Tagen danach brachen wir immer noch in schallendes Gelächter aus und es lässt mich auch heute noch immer kichern wenn ich daran denke.

14. Der Heilige Berg

Von Europa aus ging ich nach Nordamerika zurück, um den Faden der Visionssuche wieder aufzunehmen. Die Ereignisse überschlugen sich in rascher Reihenfolge. Es war natürlich nicht die Zeit für eine sachliche Analyse, aber für eine Unterwerfung allem, was mir das Universum über den Weg schickte.

In Vancouver traf ich eine schwedische Heilerin für Mensch und Tier, die mir sagte, dass ich irgendetwas von der Essenz von Prinzessin Astrid von Schweden, Königin von Belgien, hatte, nach der ich benannt worden war. Die Heilerin war eine authentische, weise, ältere Frau, die in der Provinz lebte, jedoch in die Stadt gekommen war, um ihr Buch zu schreiben. Sie ermutigte mich eindringlich, dieses Land zu erkunden, in die Prärie zu gehen und nach Saskatoon.

Wegen der Bindung, die ich zu ihr und ihrer speziellen Energie verspürte, entschied ich mich ihrer Weisung zu folgen, obgleich ich nicht viel über die Prärie wusste und absolut nichts über Saskatoon. Am nächsten Morgen warf ich das Thema in meinem wöchentlichen Frühstückskreis auf.

„Kann mir irgendjemand etwas über Saskatoon erzählen?"

Eine Frau tippte mich an der Schulter. Ich kannte sie nicht; sie war von außerhalb der Stadt und mit ihrer Schwester gekommen. Sie sagte, sie sei geboren und aufgewachsen in Saskatoon und dass sie hellsichtig sei. Sie verkündete sehr nachdrücklich:

„Du musst dahin gehen, das ist ein Geschenk für dich; dein weiterer Weg wird sich dort entscheiden."

Sie sagte auch, dass wir uns vorher schon einmal irgendwo getroffen hätten, aber ich hatte keine Idee wo, und auch sie konnte sich nicht daran erinnern. Faszinierend!

Als ich später an diesem Tag das Geschirr abwusch, wusste ich auf einmal, wo dieses frühere Treffen stattgefunden hatte und ich war sprachlos. Es war fünf Jahre zuvor in Findhorn gewesen, einer holistischen Gemeinschaft in Schottland, als ich zum Ende meines Aufenthaltes ihr, meinen Bungalow übergab und wir in eine lebhafte Unterhaltung gerieten.

Durch ihre Schwester spürte ich sie auf und erzählte ihr von Findhorn. Sie sagte:

„Ich musste zurück in dein Leben treten, nur für einen Moment, um dir zu sagen, dass du nach Saskatoon gehen sollst."

Mehr Ermutigung brauchte ich nicht. Ich mietete einen Wagen und ging meinen Weg, ungeachtet der Tatsache, dass ich in zehn Tagen ein Flugzeug nehmen musste wegen meiner halbjährlichen Rückkehr in die Niederlande.

Der Trip nach Saskatoon durch die Rockies, Calgary und versteinerten Wälder war wunderschön und dauerte einige Tage. Der Aufenthalt dort war ein Vergnügen, aber nicht spektakulär, was ich halb erwartet und halb erhofft hatte. Wie auch immer, die vorhergesagte Weggabelung geschah. Es war als ich meine Taschen schon wieder packte, um nach Vancouver zurückzufahren und ich eine Stimme sagen hörte: „Black Hills". Was meinst du, Black Hills? Ich hatte einmal über sie gelesen und ich wusste, es war traditionelles geheiligtes Territorium der Cheyenne und anderer Indianerstämme, aber ich hatte keine blasse Ahnung, wo sie sich befanden und beabsichtigte in diesem Moment auch nicht loszugehen und es herauszufinden. So dachte ich. Die Stimme beharrte darauf und schwoll an zu einem lauten Rufen des Namens:

„Black Hills ... Black Hills ... BLACK HILLS!"

Okay, okay, ich hatte verstanden. Ich fand heraus, dass sie in Süd-Dakota lagen, im Süden von Saskatoon, und so machte ich mich auf den Weg.

August 1992. Die Nacht fiel über die Prärie. Die hügelige Landschaft war atemberaubend und leer. Gelegentlich sah ich eine Farm mit einigen Nebengebäuden. Das rote Licht der untergehenden Sonne wurde von den ruhenden Wassern reflektiert. Es war nahezu wie eine Schönheit aus einer anderen Welt. Der volle Mond ging auf. Auf jeder Hügelkuppe wäre ich am liebsten stehengeblieben und aus dem Wagen ausgestiegen, um die Energie dieses Platzes zu verspüren. Ich wollte einige Bilder machen und erkannte, dass man diese nicht in einen Rahmen einfangen konnte.

Am zweiten Tag nachdem ich Saskatoon verlassen hatte, näherte ich mich den Black Hills in Süd-Dakota. Am Ende des Nachmittags, nach Stunden der Fahrt, erschienen schwarze Wolken am Horizont. Nahe Sturgis kam ich in ein dickes Gewitter. Die Hölle brach los. Zu allen Seiten schossen Blitze in den Boden ein. Es war ein wenig beängstigend, wenn auf einmal Feuer ausbrachen – diese Feuer wanden sich wie eine Schlange durch das Gras – und auf der linken Seite sah ich eine riesige Wolke von Rauch. Ich meinte, ich war sicher im Wagen, wusste um die Leitfähigkeit von Gummireifen, trotzdem war ich unsicher was ich tun sollte: anhalten oder weiterfahren? Dann sah ich zwei herannahende Wagen mit Süd-Dakota-Autokennzeichen und nahm an, dass sie wohl wüssten, was sie täten, denn sie waren ortskundig. Deshalb folgte ich ihrem Beispiel und fuhr sehr langsam weiter. Es begann in Strömen dicke Tropfen zu regnen; meine Scheibenwischer konnten es kaum schaffen. Als für einen Moment der Regen aufhörte, ragte plötzlich ein Berg aus der Prärie auf. Er hatte die Gestalt eines sich liegenden Bären; ich sah ihn überrascht an.

Auf dem letzten Stück nach Sturgis fuhren vier altmodische Feuerwehrwagen mit lautem Sirenengeheul an mir vorbei. Zu meiner Erleichterung war es trocken als es Zeit war zu tanken. Was für eine eindrucksvolle Show von Mutter Natur! Später hörte ich, dass siebzig Feuer ausgebrochen waren.

In Rapid City ging ich zur Touristeninformation und erkundigte mich nach Stammesaktivitäten. Sie verwiesen mich zur Sioux-Handelsstelle, wo ein weißer Mann mir alle verfügbaren Informationen gab; der echte Medizin-Berg der Sioux und Cheyenne war Bear Butte, der leicht entfernt von der Black-Hills-Region lag. Es stellte sich heraus, dass es der Berg war, an dem ich soeben erst vorbeigefahren war.

Es war mitten am Nachmittag an einem Samstag, als ich den Bear-Butte-Nationalpark erreichte. Als sie hörte, dass ich zum oberen Parkplatz hinauf wollte, bat mich die Mitarbeiterin, ihren Mann John, Leiter des Parks, daran zu erinnern, dass er wegen einer Hochzeit früher nach Hause kommen sollte. Dies ergab einen einfachen Anlass mit ihm in einen Plausch zu kommen.

Er erzählte, dass der Film *„Der mit dem Wolf tanzt"* hier gedreht worden sei und dass die Jungs aus dem Reservat als Komparsen die Szenen ergänzt hätten. Und er hatte gute Nachrichten: diese Nacht campierten Cheyenne- und Sioux-Indianer auf dem Berg, weil wegen des Vollmondes eine Visionssuche im Gange war. An drei Plätzen auf dem Berg saß eine Anzahl von Menschen vier Tage und Nächte ohne Essen oder Wasser in sengender Hitze!

Ich lief um den Berg und kam zum *„Ceremonial Trail"*, wo viele farbenfrohe Stoffbänder an die Zweige der Bäume als Gebetsstoff gebunden waren. Die Atmosphäre war heilig und feierlich. Ich sagte:

„Mögen alle eure Gebete erhört werden", und setzte mich auf eine Anhöhe. Ich versank in der Stille und fügte mein eigenes Gebet hinzu, jedoch kein Tuch.

Ich hörte jemanden kommen und beim Aufschauen sah ich eine Frau. Sie hielt an und sagte:

„Oh, ich dachte, Sie wären ein Gebetstuch."

Wir begannen ein Gespräch über die spezielle Energie von Bear Butte, welcher seit Jahrhunderten der Medizinberg für diverse Stämme ist. Sie kannte den Berg sehr gut, denn sie war in dieser Gegend geboren und aufgewachsen. Seit sie weggezogen war, kam sie immer einmal im Jahr, um eine Vollmondnacht auf dem Berg zu verbringen. Ihr Name war

Susan; sie hatte eine freundliche Ausstrahlung und während wir uns unterhielten, entschied ich, dass ich mich ihr gerne anschließen würde. Sie begrüßte die Idee und wir tauschten praktische Details. War es erforderlich, dass ich nach Sturgis ging um Einiges einzukaufen? Ich hatte nur einen Schlafsack dabei, würde es aber vorziehen, auf dem Berg zu bleiben, um den Zauber nicht zu brechen. Es stellte sich heraus, dass sie Proviant für uns beide genug hatte und war bereit, zu teilen. Nachdem wir die logistischen Details geregelt hatten, liefen wir zum Parkplatz.

In dieser Nacht würde eine Schwitzhütten-Zeremonie stattfinden, an der wir wahrlich teilnehmen wollten und dafür benötigten wir die Genehmigung von Sonny, dem Häuptling der Sioux-Indianer. Wir liefen über die Brücke zu seinem Camp auf der anderen Seite des Parkplatzbereiches, inmitten eines Labyrinths aus Zelten und Indianern. Wir trafen eine alte Frau, die einen Zeremonienschal auf ihrem Kopf trug, und fragten sie, wo wir Sonny finden konnten. Sie sagte:

„Das weiß ich nicht, denn ich bin eine Cheyenne und Sonny ist ein Sioux."

Ich war überrascht, dass diese Stammesunterschiede immer noch existierten!

Jemand anders wies uns zu seinem Zelt. Drei Männer und zwei Frauen saßen auf Campingsesseln, schweigend auf den Berg starrend. Wir fragten, welcher von ihnen Sonny sei. Ein Mann um die fünfzig antwortete. Er hatte ein freundliches, intelligentes Gesicht. Wir fragten, ob es möglich sei, an der Zeremonie in der Schwitzhütte teilzunehmen. Unverzüglich erwiderte er:

„Morgen. Heute ist es voll, denn die Leute werden vom Berg kommen."

Er wandte sich mir zu und stellte mir eine Frage:

„Bist du vom Heiligen Land?"

„Nein, ich komme aus Holland."

Eine Frage, die mich sowohl schmunzeln ließ als auch zur Demut aufforderte. Während wir mit Sonny sprachen, gab der Mann neben ihm ein Zeichen und sagte:
„Sie kommen vom Berg!"
Die Nachricht ging wie ein Lauffeuer durch die Reihen und jeder stand auf und wandte sich ihnen zu. Zuerst konnte ich sie nicht sehen, dann aber erkannte ich sich langsam bewegende Figuren, ungefähr fünf in einer Reihe. Ich konnte mir schwerlich vorstellen, wie, nach fünf Tagen voller Entbehrungen, jemand von diesem Berg herunterkommen konnte. Es war ein erwartungsvoller Moment, als alle Aufmerksamkeit auf diese tapferen Leute fokussiert war. Zeit für uns, zu gehen. Wir dankten Sonny, und Susan gab ihm Tabak im Namen von uns beiden.

Es stellte sich heraus, dass Susan John, den Leiter dieses Parks, kannte und stellte mich ihm vor. Er lud uns ein, mit ihm und seiner Familie zu Abend zu essen und ihre Dusche zu benutzen. Wir beide akzeptierten es dankbar. Rechtzeitig waren wir zurück auf dem Zeremoniengrund, es war halb neun und ich hatte mich komplett dem Strom hingegeben. Die Moskitos sorgten dafür, dass ich meinen Körper an diesem spirituellen Platz nicht vergaß. Sie schlugen in großer Zahl zu und ich war übersät mit ihren Bissen.

Es wurde dunkel. Der Vollmond kam hinter dem Berg hervor, ein gigantischer goldener Orbis, so nah, dass ich glaubte, ihn berühren zu können. Zusammen mit Susan lief ich den Berg hinauf. Wir setzten uns auf einer Erhöhung nieder, die einen umwerfenden Blick über die vom Mondlicht erleuchtete Landschaft bot, mit der Prärie und im Hintergrund den Black Hills. Sie zeigte auf den Zeremoniengrund. Ich sah eine Plattform mit zwei hölzernen Pfählen darauf. Es war der Punkt, wo Crazy Horse seine monumentale Rede vor der Versammlung der Häuptlinge gehalten hatte. Der Name von Crazy Horse erschien in dieser Gegend überall. Er war ein Häuptling der Dakota-Indianer gewesen (1849–1877) und der legendäre

Krieger, der das Unmögliche möglich gemacht hatte: er vereinigte die Stämme in ihrem Krieg gegen den Weißen Mann und hetzte General Custer bei Little Bighorn zu Tode.

In dieser mondhellen Nacht, während seine Nachfahren den historischen Ritus der Schwitzhütte fortführten, waren die Spirits von Crazy Horse und seinem Gefolge greifbar präsent. Ich konnte ihn sehen, majestätisch, schlank, in vollem Ornat, die versammelten Häuptlinge schweigend zu seinen Füßen. Seine glühende Rede rollte über die Prärie.

Um Mitternacht gingen wir wieder hinunter zum Parkplatz, wo die Leute in ihren Wagen schliefen. Ich entschied mich dafür, im Freien zu übernachten statt in meinem Wagen, aber es war so überfüllt, dass ich eine Weile brauchte, ehe ich ein freies Stückchen Gras in der Nähe der Wagen gefunden hatte. Ich zog meine Schuhe und Jeans aus und krabbelte in meinen Schlafsack.

Dann folgte ein unbeschreibliches Erlebnis, sowohl physisch als auch spirituell, welches das Ziel meiner Forschungsreise sein würde.

Ich betrachtete den Mond, der mein gesamtes Blickfeld einnahm, und fühlte mich umarmt von diesem himmlischen Körper, vom Universum. Ich schmeckte die Energie der Berge und der Menschen um mich herum und war mir der Gegenwart der Geister der Älteren bewusst. Es gab keinen Unterschied mehr zwischen mir und allem, was mich umgab.

Durch dieses Gefühl des Einsseins wurde in mir ein wesentliches Element berührt; ich war wie vom Blitz getroffen, wie ein Stoß in mein System. Mein vollständiges Sein reagierte; es war, als ob jede Zelle in mir durch einen Stromschlag getroffen worden war. Die Magie des Moments überspülte mich. Ich war mir sicher, dass die ganze Erfahrung einen großen Einfluss auf mich hatte, ohne in der Lage zu sein, mit dem Finger darauf tippen zu können. Es war jenseits meiner Vorstellung und meines Verständnisses. Gespannt aber auch friedvoll blieb ich zurück.

.

Ich döste für ein paar Stunden ein. Als die Morgendämmerung hereinbrach, waren mein Körper, mein Geist und meine Seele immer noch erfüllt mit der Lebendigkeit und Verwunderung über das kraftvolle Mysterium des nächtlichen Phänomens.

Die Morgendämmerung war ein Fest an sich; die hellen grauen Farben, die ersten Strahlen der Sonne tauchten den Himmel in ein lebhaftes Pink und ließen sie in dieser eindrucksvollen Landschaft aufgehen.

Als ob ein unhörbares Signal des Aufbruchs ertönte, standen einige alte Männer gleichzeitig auf, schlurften zu einem Pick-up, kletterten auf die Pritsche und fuhren in den Morgen hinein, ohne ein einziges Wort zu wechseln. Ich vermutete es war, um den Tag zu begrüßen, ein Ritual, so alt wie die Menschheit selbst.

Wegen meiner langen Rückreise nach Vancouver war klar, dass ich früh abreisen musste und deshalb nicht an der Schwitzhütten-Zeremonie teilnehmen konnte, die um 12.00 Uhr begann. Auch Susan musste schon abreisen. Ich meinte, dass wir uns offiziell vom Häuptling verabschieden sollten. Wir gingen also zu Sonnys Zelt, wo ein Mädchen uns sagte, dass er nicht verfügbar wäre; sie würde ihn wissen lassen, dass wir abreisen mussten. Zu meiner Überraschung sagte sie zu mir:

„Ich habe dich vorher schon einmal gesehen."

Dann fragte sie mich, ob ich ein Pflaster für sie hätte. Glücklicherweise, war dies eines der wenigen Dinge, die ich bei mir hatte und ich war froh, ihr eines geben zu können, ein alltäglicher Moment an einem ätherischen Ort.

Alle Wagen waren in doppelten Reihen geparkt, in vielen schliefen immer noch Leute. Mit großer Anstrengung konnte Susan ihren Wagen herausmanövrieren und gegen 8.00 Uhr fuhren wir zum Besucherzentrum, wo mein Wagen geparkt war.

Es fiel mir schwer, mich von dem Berg loszureißen, aber ich musste wirklich gehen. Ich umarmte Susan zum Abschied und fuhr weg vom Bear Butte. Die Straße war leer. Nach einigen Meilen sah ich Susans Wagen hinter mir näher kommen. Sie überholte und stoppte mich, indem sie ihren Wagen diagonal vor meinem anhielt. Sie stieg aus, ergriff meinen Arm und fragte:
„Bist du echt?"
Entgeistert antwortete ich:
„Oh ja, das bin ich!"
„Ich wunderte mich darüber nachdem du fort warst."
Es schien, als ob die magische Energie des Berges sein Werk getan hätte.

Vorzugshalber wollte ich in eine Ecke hochkrabbeln und die Ereignisse der letzten zwölf Stunden nochmal an mir vorüberziehen lassen, aber ich konnte mir diesen Luxus nicht erlauben. So fuhr ich meinen Weg, heizte die Straße hoch durch Süd-Dakota, Wyoming, Montana, Idaho und Washington. Dann und wann berührte ich meinen Arm und sagte zu mir selbst:
„Ich bin echt, ich bin wirklich echt!"
Als ob ich mich selbst davon überzeugen musste.

Bei meiner Ankunft in Vancouver war ich steif von den Tagen hinter dem Steuer und deshalb ging ich für eine Massage zu einer guten Freundin. Sie hatte Probleme, ihre Verspannung konnte ich spüren. Und dann geschah etwas Verwunderliches. Ich sah plötzlich Stufen von Licht hinter ihr, sah sie aus dem Weltraum kommen. In Bruchteilen von Sekunden sah ich einen Film hinter ihr ablaufen von ihren vielen bisherigen Leben, die bis in ihre augenblickliche Situation zoomten und Klarheit gaben.
Das war neu! Verblüfft erkannte ich, dass die Gabe für diese Hellsicht auf dem Berg erweckt worden sein musste. Anscheinend war es ein verborgenes Talent gewesen, welches durch

außergewöhnliche Umstände aktiviert werden musste. Diese Erkenntnis stellte die ganze Reise in die Perspektive eines schamanischen Trainings. Ich akzeptierte mit Demut und Dankbarkeit.

15. Stille und der Südwesten

Durch dieses kraftvolle Ereignis in den Black Hills war ich ein wenig aus meinem Gleichgewicht geraten und brauchte erst einige Zeit um es zu verdauen. Die Meditation half mir, besonders in Verbindung mit meiner eigenen Form von freiem Tanz. Ich nahm mir einige Wochen, um Körper und Seele wieder in Einklang zu bringen und die neugewonnene Hellsicht meinen schamanischen Werkzeugen hinzuzufügen.

Sowohl in Sedona als auch am Bear Butte fühlte ich mich eins mit der Natur. Ich hatte die Einheit erfahren, die ich angestrebt hatte, die göttliche Verbindung. Die Wahrheit dämmerte mir allmählich, dass, wenn das Göttliche doch in mir war, es natürlich auch in allem anderen sein musste, wie auch immer gestaltet. Zunächst war diese Wahrheit nur ein Konzept gewesen, aber jetzt da ich gerade die himmlische Verbindung gespürt hatte, konnte ich es in der Essenz anderer Wesen erkennen. Es war präsent im Lächeln eines anderen Menschen, in der Kraft eines Tieres, der Schönheit einer Blume, der Festigkeit eines Felsens.

Mein Hunger, mehr über die Spiritualität zu lernen, blieb bestehen und abgesehen vom Bücherlesen, besuchte ich Treffen von berühmten Lehrern wie den Dalai Lama und Krishnamurti in Amsterdam und Vancouver. Ich kam in Kontakt mit einigen westlichen spirituellen Lehrern, denen ich mit einiger Skepsis lauschte, und siebte die Informationen aus. Auch nahm ich an Satsangs („Zusammentreffen in Wahrheit") und verschiedenen Retreats teil.

Ich ging zu einem einwöchigen Retreat mit Sri Sri Ravi Shankar, einem spirituellen Lehrer aus Indien, nicht zu verwechseln mit dem Sitarspieler. Es war ein Retreat in die Stille, die des Abends für Vorlesungen und Fragen unterbrochen wurde. Während einer dieser Pausen fragte ich:

„Wie kann ich mir den Überfluss erschließen?"

„Fokussiere nicht darauf, was man haben, sondern wie man beitragen kann."

Seine Antwort war deutlich bei mir angekommen und wurde mein Leitsatz für diesen Retreat.

Darum erinnerte ich mich an seine Worte, als ich für den Küchenservice aktiv werden sollte. Es missfiel mir – ich mochte es nicht und ich bin darin ungeschickt – aber weil ich das Beitragen üben wollte, stimmte ich nach einigem Zögern zu und bald wusch ich fröhlich haufenweise Geschirr ab. Es fühlte sich gut an, dieses spießige Gedankenmuster geknackt zu haben, dass ich zu unbeholfen für die Küchenarbeit sei und diese Erfahrung ließ mich nach anderen Ereignissen in meinem Leben suchen, wo ich in ähnlich beschränkter Geisteshaltung verharrte.

Die Möglichkeit, das zu tun, repräsentierte sich in Form von Sri Sri Ravi Shankar selbst. Er ist ein wahrhaftiger Guru, und die Leute knieten gewöhnlich vor ihm. Dieses war mir unheimlich. Nicht für mich! Ich konnte gerade noch meinen Kopf im Gebet verneigen! Wie auch immer, während dieser Woche begann ich zu erkennen, dass meine Aversion, den Kopf zu verneigen, mit einer manchmal unflexiblen Eigenschaft zu tun hatte und das Bemühen danach, mein Leben unter Kontrolle zu halten. Ich kam zu dem Verständnis, dass eine Verneigung auch als symbolischer Akt der Hochachtung allen Lebens gesehen werden kann und als solches dies ein wichtiges Instrument wäre, welches mir helfen konnte, diese ungewollte Unbeugsamkeit zu überwinden.

Das Ergebnis war, dass ich am Ende dieser Woche beschloss, vor ihm niederzuknien wie andere Leute es auch taten. Es bot sich eine Gelegenheit dazu, als ich in einem Raum mit dem Guru und einigen anderen war und ich wusste genau: dies ist der Moment. Ich nahm einen tiefen Atemzug, um Mut zu fassen und ging zu ihm hinüber; recht unvermittelt sank ich hinab auf meine Knie vor ihn und beugte meinen Kopf. Er legte seine Hand auf mein Haupt. Zu meiner Bestürzung begann ich zu weinen. In dieser Position blieb ich eine Weile, spürte seine Hand wie einen Segen und ihre Wärme strömte in meinen Kopf hinein und durch meinen Körper hindurch. Ich beruhigte mich wieder. Als ich aufstand, dankte ich ihm und trocknete meine Tränen. Ein Gefühl von Erleichterung durchfloss mich; in gewisser Weise fühlte sich der Akt der Verbeugung an als hätte er die Hemmung gesprengt.

Nach diesem ziemlich steifen, erzwungenen Akt wurde diese Ehrerbietung eine wiederkehrende Geste. Eine Verbeugung vor einer Schaufel mit Gras, überzogen von Tau, oder dem faltigen Gesicht einer alten Frau oder dem Weinen eines Babys. Dies machte es leichter, mein Herz für das zu öffnen, was das Leben einem bietet.

Ein anderer Retreat in die Stille wurde tief in einem Wald des früheren Ostdeutschlands abgehalten. Zuerst fand ich es schwierig zu schweigen; ich musste mich erst einmal von der Aufregung der Reise erholen und mich dann an die Anwesenheit von zweihundert anderen Teilnehmern gewöhnen. Als ich zur Ruhe gekommen war, wurde mir bewusst, wie einzigartig es war, in absolutem Schweigen zu leben zwischen derart vielen Menschen; schweigend die Küchenarbeit erledigen, für die Mahlzeiten schweigend in der Schlange stehen, sich schweigend über das Essen freuen. Ich liebte es. Der Fokus dieses Retreats lag auch auf Atemübungen, was das Erlebnis der Stille umsomehr vertiefte.

Das Wetter war heiß und da war ein gigantisches Wespennest in der Nähe der Hintertür. Dessen Einwohner hatten ein Fest und hinterließen viele Spuren bei den verärgerten Teilnehmern. Ich sah es als eine große Möglichkeit, um echte Hingabe zu praktizieren. Hingabe zur Hitze und dem Brummen der Wespen, indem ich mich durchsichtig machte und akzeptierte, was war. Es war eine Herausforderung und wurde beinahe zum Sport, aber ich siegte und wurde dadurch belohnt, dass ich nicht einmal gestochen wurde.

Nach einigen Tagen wurde ich gewahr, dass mein Bewusstsein stark zugenommen hatte. Ich begann mich selbst und meine Umgebung unterschiedlich wahrzunehmen, von innen nach außen. Dementsprechend ging ich durch meine Regelblutung wie niemals zuvor; es war, als wäre ich eine Gebärmutter, jeder Tropfen des Blutes war spürbar. Mir war das Geheimnis des weiblichen Körpers äußerst bewusst.

Am Ende des Retreats wurde das Schweigen gebrochen und zweihundert Menschen sprachen in ungefähr dreißig Sprachen, berstend in einer babylonischen Kraft der Töne. Mir war nicht nach Sprechen zumute; ich hatte mich in die Stille verliebt.

***

Sobald der Alltag mich wieder hatte, bezog ich manchmal medienfreie Phasen in mein Leben ein, um die Stille weiter zu kultivieren. Der Zauber lag nicht nur in der Abwesenheit der Klänge, sondern auch in der Stille, die sich im Körper und im Geist ausbreitete, in Meditation und selbst in der Stille einer Vorstadt an einem Sonntagmorgen.

Ich bemerkte, dass diese Wesenheit in einem Gebiet der Stille mir half, durchzuatmen und alle Teile meines Selbst wieder zu einem Ganzen zusammenfügte. Dies war auch dringend erforderlich, denn während der vier Jahre meiner Visionssuche hatte ich häufig das Gefühl, dass ein Teil von mir in eine bestimmte Richtung gedrängt wurde, während ein anderer Teil sich beeilen musste, um den Anschluss nicht zu verlieren. Ein Gefühl, welches eine Redensart der Steppenindianer ganz treffend wiedergibt: „Leg dich nieder ins Gras und warte auf deine Seele, damit ihr wieder vereint werdet."

***

Ich suchte mir dazu die Gegend der „Four Corners" aus, wo die Staaten von Arizona, Colorado, New Mexiko und Utah zusammentreffen. Die Stille, die Energie und unermessliche Weite der Natur dort waren Balsam für meine Seele. Dies war eine Gegend, wo die Landkarte sagt, dass man zuerst den Zustand der Straße prüfen sollte, bevor man dieses Gebiet betritt. Es war hauptsächlich ein Reservat der Navajo-Indianer; Hochwüste durchsetzt mit zerklüfteten Felsen und Canyons. Und in der Nacht war ein unendlicher Himmel mit ungezählten Sternen sichtbar, die so nahe waren, dass ich glaubte, sie beinahe berühren zu können.

Als ich mich davon erholt hatte, oder sollte ich sagen, wieder zu mir gefunden hatte, kündigte sich bereits das nächste Abenteuer an.

Zweimal zuvor hatte ich versucht, den Grand Canyon in Nord-Arizona zu besuchen, jedoch eine Schlammlawine und eine Grippe hatten das jeweils verhindert. Aber jetzt war es soweit, dass sich die Zeit und die Möglichkeit wieder anboten, dorthin zu gehen. Zu meiner Überraschung spürte ich eine gewisse Abneigung, welche sich nach eingehender Prüfung als bloße Angst herausstellte. Ich fragte mich, was mich wohl erwarten würde. In zwei Stunden fuhr ich von Flagstaff zum South Rim. Ein Freund hatte die landschaftlich schöne Strecke nach Desert View empfohlen, circa zwanzig Meilen östlich. Entlang des Weges stoppte ich einige Male an Aussichtspunkten mit Blick über den Grand Canyon. Ich sah die Erhabenheit und verstand die Superlativen, aber unglücklicherweise konnte ich mich nicht wirklich darüber freuen. Dieses unangenehme Gefühl nagte immer noch an mir.

Nahe Desert View, am östlichsten Punkt, befand sich das Tusayan-Museum, welches die Kultur der nativen Amerikaner im Canyon zeigte. Ich ging hinein. Nach dem grellen Sonnenlicht stand die Dunkelheit im Museum in einem scharfen Kontrast. Lediglich die Schaukästen mit prähistorischen Objekten waren beleuchtet. Ich schlenderte an den Objekten und Bildern vorbei und las die Beschreibungen des Lebens mehrerer Indianerstämme.

Interessant, aber es bewegte mich nicht besonders, bis ich zu einem Raum kam, in dem eine lebensgroße Figur aufgestellt war. Meine Reaktion darauf war unverzüglich: Dooooiiing; als ob mich ein Schlag auf den Kopf getroffen hätte. Mein Herz pochte, ich bekam eine Gänsehaut und ein plötzlicher Kopfschmerz durchfuhr mich, ich fühlte ein Prickeln am ganzen Körper. Ich erkannte die Gesichtszüge. Die Figur erwies sich als Anasazi, einem vorzeitlichen Volk der Pueblo, welche in dieser Region gelebt hatten und im 13. Jahrhundert verschwunden waren. War es dieses, was meine Angst begründete? Ich konnte es nicht genau sagen. Jetzt erkannte ich, dass ich, wie die Schamanin der Cherokee gesagt hatte, in Urzeiten ein Indianer gewesen war, der wahrscheinlich einen sehr schmerzvollen Tod erlitten hatte.

***

Die intensive Stille des Canyons de Chelly in Nord-Arizona hatte mich verzaubert, als ich in der Nähe der *„Spider Woman"* saß, einer Felsenformation mit unvergleichlicher Ausprägung und atemberaubenden Aussichten auf gewaltige Kalkstein-Kliffs mit vielen Schichten. Eigentlich war ich auf dem Weg zu den Felsbehausungen von Mesa Verde in Colorado gewesen, war aber von diesem magischen Ort geködert worden. Das Hier und Jetzt vermischte sich mit der Zeitlosigkeit der prachtvollen Landschaft. Nach einigen Stunden des Sitzens und Aufnehmens stand ich auf und schüttelte meine Glieder. Ich schaute auf meine Uhr. Es war halb eins. Trotz der relativ späten Stunde entschied ich mich, meinen ursprünglichen Plan auszuführen und nach Mesa Verde durchzustarten, circa drei Stunden entfernt. Wie beim Grand Canyon war auch hier ein deutliches Missbehagen dorthin zu gehen. Ich wusste, dass das ursprüngliche Territorium der Anasazi sich weit nach Colorado hinein erstreckte. So war es gut möglich, dass dies irgendetwas mit meinem unguten Gefühl zu tun hatte. Es schien mir wichtig genug, das herauszufinden.

Der Weg führte durch das Monument Valley und war beeindruckend. Ausgedörrte Ebenen und schneebedeckte Berge – es war Januar – und eine Menge zackiger Gipfel. Gelegentlich kreuzten Pferde und Kühe den Weg.

Gegen halb vier stand ich am Eingang des Mesa-Verde-Nationalparks, das Pförtnerhaus war nicht besetzt. Auf einem Schild stand geschrieben, dass man bis halb vier hinein konnte. So war ich gerade noch in der Zeit. Hinter dem Eingang sah ich ein anderes Schild, worauf stand, dass die Felsbehausungen und Ruinen noch zweiundzwanzig Meilen entfernt waren. Dies bedeutete eine weitere halbe Stunde Fahrt auf einer gewundenen Straße mit vielen Kurven, oft auch vereisten Pfützen, einem langen Tunnel und bisweilen beeindruckenden Aussichten.

An einem Parkplatz hielt ich an und stieg aus; der Dunst von Staub durchdrang die Luft. Ich trat vorsichtig an den Rand der Felswand, um einen Blick auf die ersten Felsenhäuser zu werfen, ein klaffendes Loch in dem hoch aufragenden Felsen. Als mein Blick auf die uralten Häuser aus Sandstein fiel, traf mich ein Schock des Wiedererkennens! Unmittelbar darauf durchschoss ein heftiger Schmerz meinen Unterleib, der mich zusammenkrümmen ließ und ich griff mir an meinen Bauch; es verschlug mir den Atem, mir pochte das Herz. Für einen Moment dachte ich, dass es durch einen körperlichen Störfall ausgelöst worden wäre wie eine akute Blinddarmentzündung, aber dann erinnerte ich mich an meine Reaktion auf die Anasazi-Figur im Grand Canyon und erkannte, dass dies hier ähnlich war. Ich war in jenem Leben wahrscheinlich an einer Bauchwunde gestorben und dieser Ort hatte es herbeigezaubert. Energetisch oder nicht, jetzt hatte ich echte Schmerzen. Ich konnte kaum aufstehen und fühlte mich wie festgefroren an diesem Punkt. Ich musste irgendetwas tun, um diesen Bann zu brechen und so rief ich meine Guides um Hilfe, um mich aufrichten zu können. Langsam und bewusst atmete ich durch meinen Bauch und richtete mich Stückchen für Stückchen wieder auf. Es brauchte fast eine halbe Stunde, bevor ich mehr oder weniger normal zu meinem Wagen laufen konnte.

Die Grenze war erreicht. Vergangene Leben zu erkunden war eine ganz nette Sache, aber ich wollte nicht weitere tausend Tode sterben. Nie wieder Seifen-Opern!

Ich erinnerte mich an den Tunnel in der Straße und wusste, wie ich diesen benutzen konnte. Dankbar, dass um diese Zeit alle übrigen Besucher den Park bereits verlassen hatten, hatte ich die Straße für mich allein. So fuhr ich zu dem dunklen Tunnel, stoppte am Anfang und drehte das Fenster herunter. Ich rief den Großen Geist an und drückte meinen Wunsch aus, all die Schmerzen aus vergangenen Leben in dem Tunnel hinter mir zu lassen. Ich nahm einen tiefen Atemzug, fokussierte mich auf das Gefühl, welches die alten Schmerzen verursacht hatte, und sagte laut, vom Grunde meines Herzens:

„Ich lasse die alten Schmerzen los!"

Die Worte hallten zurück. Ich startete die Fahrt sehr langsam und wiederholte diese Worte immer wieder, zuerst sanft, dann lauter werdend bis ich sie schrie, bis sie den gesamten Tunnel mit ihrer Resonanz füllten, wieder und wieder. Mein Herz pochte, mein Körper bebte, die nachhallenden Worte erfüllten alle meine Sinne. Und ja, nach einer Biegung war das sprichwörtliche Licht am Ende des Tunnels und ich konnte es körperlich spüren. Wow! Große Erleichterung! Ich fühlte mich gereinigt und um Tonnen leichter.

Jetzt hatte ich die Kraft und konnte den Klippenpalast bewundern, die größte Ruine des Parks mit Felsbehausungen und Türmen eingemeißelt unterhalb eines gigantischen Abgrunds in einer Art Alkoven. Ich fuhr zum Sonnentempel auf der anderen Seite des Canyons, von wo aus man den besten Blick auf den Klippenpalast hatte, der sich tief unten auf dem Boden befand. In der Tat, als ich ausstieg, war der Ausblick fantastisch. Der ganze Komplex war durch die untergehende Sonne angestrahlt; die skurrile Form seiner honigfarbenen Gebäude leuchtete auf in einem dunklen Rot. Zu meiner Überraschung sah ich, dass die Schatten schnell über die Felsbehausungen hinweg zogen und ich stellte fest, dass dieses Schauspiel nur zwei Minuten an jedem Tag beobachtet werden konnte und es war genau zu der Zeit, wo ich dort war. Es fühlte sich an wie ein Geschenk vom Universum.

16. Drummer und Krieger

Während der Visionssuche lernte ich, auf meine Intuition zu hören und meinen Impulsen zu folgen. Dem nachzugeben, brachte nicht immer Klarheit, wie meine Geschichte über die Trommler und Krieger erzählen wird.

Es begann in Amsterdam im Jahre 1991, als ich mit einer Freundin die Ausstellung *„Lieder der Schamanen"* des niederländischen Malers Gertie Bierenbroodspot besuchte. Sie lief voraus, wartete dann auf mich, zeigte auf ein Gemälde und sagte:

„Darf ich vorstellen ... Dies ist der König von Atlantis."

Das Gesicht schien wie eine Totenmaske, trotzdem hatte es einen Hauch von Lebendigkeit.

„Hey, ich kenne ihn!", rief ich aus. Zu meiner Überraschung antwortete sie:

„Ja, und das ist der Grund, warum ich hier stehe."

Ich hielt meinen Blick auf das Gemälde gerichtet, blieb wie gefesselt stehen und fand es schwierig, weiterzugehen. Daneben hingen drei Bilder von Indianern. Als meine Augen auf eines von diesen fiel, traf sein starrer Blick unmittelbar in mein Herz. Auch hier erfuhr ich ein intensives Gefühl des Wiedererkennens. Der Text auf dem Schild darunter lautete:

„Gewidmet Dennis Banks, einem zeitgemäßen indianischen Kämpfer."

Also war dies eine zeitgenössische Person.

Zurück zu Hause setzte ich mich und meditierte über diese beiden Gemälde, die mich so berührt hatten. In der Minute, wo ich meine Augen schloss, fühlte ich mich in der Anwesenheit des Königs von Atlantis, spürend, dass er eine Rolle spielte im Zusammenbruch seines Reiches. Er war nicht reinen Her-

zens. Dann sah ich Dennis Banks, den gegenwärtigen Krieger, der sein Volk auferstehen lässt. Ich fühlte, dass sie beide geborene Führer waren; der Unterschied lag darin, dass der König von Atlantis Selbstgefälligkeit repräsentierte und Dennis Banks Bescheidenheit. Ich fragte das Universum:
„Warum diese Reaktion auf Dennis?"
Und die Antwort war:
„Er ist dein Bruder ..."
Ich saß mit diesen Bildnissen und Antworten und ließ sie in mein Bewusstsein eindringen. Ich sprach mit meiner Freundin über das, was ich herausgefunden hatte. Sie hatte auch gesehen, dass beide die gleichen Eigenschaften besaßen und doch verschieden waren.

***

Die Szene wechselte nach Madison, Wisconsin, wo ich einige Monate später bei Susan, die ich am Bear Butte getroffen hatte, zu Gast war. Ich fragte sie, ob sie von Dennis Banks gehört hätte. Das hatte sie sicher und sie holte das Magazin „Die Indianer Amerikas" hervor. Da gab es einen Artikel über ihn, wie er den „Sacred Run" organisierte. Teilnehmer waren Eingeborene von Sibirien und Alaska auf der einen Seite und der südlichen Spitze von Südamerika auf der anderen, die aufeinander zu rannten, um sich in Santa Fe, New Mexiko, zu treffen.

Aus Susans Erzählungen und dem Artikel verstand ich, dass Dennis Banks ein Star der indianischen Welt ist. Er ist Mitbegründer der Amerikanischen Indianerbewegung, ein Ojibwa-Krieger und Aktivist, der ständig für die Bewahrung der indianischen Werte und Rechte kämpft. Für seine Überzeugung ist er während der Belagerung am Wounded Knee 1973 im Gefängnis gewesen. Er schrieb seine Biografie, sprach an Universitäten und spielte in verschiedenen Filmen mit, normalerweise sich selbst. Ein wahrer Held!

So, in der Tat lebte er im Hier und Jetzt und zwar in Kentucky. Eine Freundin von Susan hatte seine Adresse gerade erst einen Tag zuvor bekommen von einem Ältesten in einem Reservat. Es war meine Gewohnheit geworden zu handeln, nachdem irgendjemand oder irgendetwas nachhaltig meinen Weg kreuzte und so spielte ich mit der Idee, ihn zu besuchen. Nachdem ich die Optionen erwogen hatte, befand ich, dass dies zu weit von meinem Weg entfernt sei und so verwarf ich diesen Gedanken.

***

Während eines Logierbesuches bei alten Freunden in der Nähe von San Francisco hörte ich, dass der Drummer Mickey Hart von den „Grateful Dead" eine Mega-Drum-Session in einer Sporthalle in San Rafael abhielt, um sein Trommelprojekt für Senioren „Rhythm for Life" zu promoten. Als ich anrief, sagte man mir, dass es bereits ausgebucht war. Ich verspürte jedoch ein starkes Verlangen und entschied, darauf zu hören und trotzdem zu fahren. Ich lieh mir eine Trommel von einer Freundin und fuhr die siebzig Meilen nach San Rafael.

Die Sporthalle war leicht zu finden. Horden von Menschen mit einer Trommel strömten herbei. An der Tür staute sich eine lange Schlange von Menschen, die anstanden, um noch ein Ticket zu ergattern, und es wurde mir klar, dass es so nicht funktionieren würde. Ohne nachzudenken ging ich zu zwei Mädchen hinüber, die nahe der Tür standen und die Tickets kontrollierten, und sagte:

„Ich habe kein Ticket, aber ich muss da rein."

Natürlich sagten sie mir, dass dies unmöglich wäre. Sie fuhren damit fort, die Tickets zu kontrollieren und als ihre Aufmerksamkeit abgelenkt wurde, huschte ich hindurch. Ich ging zu einem großen Mann an der Tür, Rausschmeißer-Typ, und wiederholte meine idiotische Aussage:

„Ich habe kein Ticket, aber ich muss da rein."

Und natürlich sagte auch er, dass es unmöglich sei. Und dann hörte ich mich selbst in dramatischem Ton sagen:

„Ich bin von Holland in Europa und ich dachte, ich könnte hier ein Ticket bekommen; dies ist eine Katastrophe."

Zu meinem Erstaunen fragte er, ob ich meinen Pass dabei hätte. Ja, hatte ich! Ich griff unverzüglich in meine Tasche, zog meine Brieftasche heraus und zeigte meinen Pass vor. Er inspizierte meine Papiere, schaute über die Schulter und rief eine ziemlich wildaussehende, gedrungene Frau mit langen grauen geflochtenen Zöpfen herbei. Diese Szene wurde noch surrealistischer als er sie fragte:

„Ist dies der richtige Pass?"

Sie warf einen Blick darauf und nickte. Sofort winkte er mich hinein. Es stellte sich heraus, dass sie Niederländerin war und sie sagte zu mir:

„Ich habe gerade auch einen von denen bekommen."

Ich stammelte meinen Dank und konnte mein Glück nicht fassen: Den begehrten Einlass auf meinen niederländischen Pass und für umsonst! Ich musste mich zuerst wieder ein wenig erholen, bevor ich weiterging.

Nahe am Eingang standen die Menschen eng aneinander gedrängt wie Ölsardinen in der Dose und so schlängelte ich mich bis zum anderen Ende der Halle, wo etwas mehr Platz war. Ich kam gerade rechtzeitig, um zu sehen, wie Mickey Hart und seine Leute die schmale Bühne betraten, die in der Mitte der großen Halle aufgebaut worden war. Neben den nativen amerikanischen Männern in ihren wunderschönen Ornaten waren da sein Sohn, seine Frau, die Sängerin Sheila E und … Carlos Santana! Von diesem Moment an hatten sowohl das Publikum als auch die Mitwirkenden ein riesiges Lächeln auf ihrem Gesicht.

Zuerst gehörte die Bühne den Indianern „aller Nationen" für die offizielle Eröffnung mit einem traditionellen Lied, begleitet von der Muttertrommel und einem Gebet. Dann hielt einer von ihnen eine Ansprache, in welcher er leidenschaftlich dem weißen Publikum entgegenrief:

„Verpasst nicht unsere heiligen Drum-Sessions!"

Jemand rief aus der Menschenmenge:

„Wie können wir helfen, Bruder?"
„Indem ihr politisch bewusster seid!"
Dann erwähnte er, dass in der nächsten Woche eine Versammlung stattfinden würde. Ich fand es schwierig, ihn zu verstehen und meine Aufmerksamkeit ließ nach, bis ich den Namen „Dennis Banks" hörte. Mein Kopf schoss hoch, was?! Er sagte es tatsächlich: Dennis Banks kam in diese Region, Broschüren lagen hier irgendwo aus. Wahnsinn!

Die Halle und die Tribüne waren zum Bersten gefüllt mit Menschen mit ihren Trommeln: von schmalen, hohen afrikanischen Trommeln bis zu kleinen Handtrommeln, von üppig bemalten bis zu ganz schlichten. Das Trommeln begann; Mickey Hart leitete, wir folgten. Das Trommeln von fünfzehnhundert (1.500!) Menschen verursachte einen überwältigenden Klang und ein mitreißendes Gefühl. Die Wände vibrierten, der Boden vibrierte, die Luft vibrierte. Meine Füße brannten in meinen Schuhen und ich erkannte, dass ich es barfuß erfahren musste, damit ich diese enorme Energie nutzen konnte, um der Erde näher zu kommen, was ich so sehr wollte.

Also zog ich meine Schuhe aus, sehr bedacht auf meine bloßen Füße auf dem hölzernen Boden. Zunächst behutsam, dann, als ich mich selbst im Trommeln verloren hatte, ohne Einschränkung, bewegte ich meine Füße, hob sie hoch, stampfte auf den Boden auf, die Verbindung mit Mutter Erde fühlend: herrlich frei! Ganz individuell und gleichzeitig mit großer Aufmerksamkeit der Gruppe folgten wir trommelnd den Vorgaben Mickeys.

Er zeigte auf die eine Seite des Raumes, dann auf die andere, zuerst abwechselnd, dann zusammen, begleiteten wir unsere Trommeln mit lautem Gesang des „Hey-yaaa!". Wohltuend. Magisch. Köstlich. Nach beinahe anderthalb Stunden hörte Mickey auf und verließ mit seinem Trupp die Bühne. Einige Leute gingen, aber die meisten blieben und trommelten weiter, ununterbrochen. Gruppen formierten sich in den vier Ecken um die großen Trommeln; wie viele andere rannte auch ich von einer Ecke in die andere. Es wurde schwierig, den Takt zu halten, wo wir jetzt verstreut waren. Wir trommelten und trommelten immer weiter.

Nach einer Weile wollten uns die Ordner stoppen. Wiederholt versuchten sie unsere Aufmerksamkeit zu erlangen, jedoch vergeblich. In ihrer Verzweiflung holten sie Micky wieder raus. Als das geschah, stand ich ganz nah an der Bühne und konnte ihn ganz deutlich sehen: er hatte eine wahnsinnige Ausstrahlung. Er lachte und sagte einige Male:

„Ihr seid gut."

Er trommelte mit der Menge für ein paar Takte und gab dann das Stoppsignal und ... es gelang! Jeder hörte mit dem Trommeln auf. Es folgte eine ohrenbetäubende Stille, die sich heilig anfühlte. Nach einer Weile sagte er:

„Wir sollten die Menschen respektieren und diese Halle verlassen und bitte trommelt draußen nicht, wie schwer es euch auch immer fällt."

In Ekstase und in einer Prozession bewegten wir uns sehr langsam zum Ausgang, sehr still, respektvoll allen Übrigen gegenüber. Nicht einer trat jemand anderem auf den Zeh. Die Vibrationen des Trommelns waren überall um uns herum. Wir alle waren verschwitzt und trugen ein breites Grinsen von einem Ohr zum anderen. Ich schnappte mir schnell eine Broschüre mit Informationen über das Treffen mit Dennis Banks und wie in Betäubung begann die Rückreise.

Als ich am nächsten Morgen aufwachte, wurde ich mir eines starken Gefühls in meinem Unterleib bewusst. Als ich mich darauf konzentrierte bemerkte ich, dass es etwas tiefer saß und entdeckte zu meiner Überraschung und Freude, dass mein erstes Chakra sich durch das Trommeln geöffnet hatte, weit geöffnet! Ich fühlte meine Schamlippen pulsieren, das Blut fließen, meine Chakras strahlen: ein wahrhaftiger Orgasmus. Und wenn ich zurückdachte an die fünfzehnhundert Menschen, die alle verschwitzt und mit einem breiten Grinsen die Sporthalle verlassen hatten, wurde mir klar, dass wir alle zusammen nahezu einen universalen Orgasmus erfahren hatten!

Diese Rekordanzahl von Drummern war so beeindruckend gewesen, dass auch TV- und Radiosender, Zeitungen und Artikel in den verschiedenen Journalen darüber berichteten. Das Nachglühen wurde demnach verlängert.

***

Die Broschüre offenbarte, dass Dennis Banks der Zeremonienmeister der Benefizveranstaltung sein würde, um Geld für die Verteidigung der indianischen Freiheitskämpfer in Gefangenschaft zu sammeln, besonders für Leonard Peltier.

Wegen der Synchronizität, in der wir beide uns zur selben Zeit in derselben Region befanden, ohne zu hinterfragen warum oder wozu, folgte ich meinem Impuls und wählte die Nummer der Veranstaltungsorganisation und fragte nach Dennis Banks. Sie gaben mir die Telefonnummer von Darrell Standing Elk. Ich rief an und sagte, dass ich von Holland wäre und dass ich sehr gerne Dennis Banks treffen würde. Er war sehr freundlich, stellte keine Fragen und lud mich zum Benefizkonzert ein. Ich sollte nach ihm fragen, sodass er mich Dennis vorstellen konnte.

Somit reiste ich am Samstag, den 8. März 1992 nach Berkeley in Kalifornien. Ich kam eine Stunde vor dem Beginn des Konzerts an. Eine Gruppe von Menschen wartete bereits darauf, dass die Türen geöffnet wurden. Nach ein paar Minuten gab es einigen Tumult. Ein Mann erschien, er trug eine Art Stetson und trug eine Tasche mit einer Anzughülle über seiner Schulter. Ich hörte die Leute rufen: „Dennis!", und sah ihn Hände schütteln. Ich fragte die Frau neben mir:

„Ist das Dennis Banks?"

Ja, er war es. Er sah nicht länger aus wie auf dem Gemälde; im wahren Leben trug er einen Bart und sein Haar war in einem Pferdeschwanz zusammengehalten; er war um die fünfzig Jahre alt, groß und breitschulterig. Er hatte ein weises, starkes Gesicht. Er ging hinein. Wir folgten später.

Sobald ich drinnen war erkundigte ich mich nach Darrell Standing Elk, der sich als älterer Herr mit einem freundlichen Gesicht herausstellte. Er erinnerte sich sofort an mich und sagte: „Ich hole ihn. Wollen Sie immer noch mit ihm sprechen?"
„Ja. Bitte."
„Ich werde ihn herbringen."
Nach einiger Zeit kam Bewegung in die Menschenmenge im Foyer: Dennis kam. Er hatte Mühe, sich seinen Weg durch die Menge zu bahnen; jeder wollte ihm die Hand schütteln, ihn berühren, um ein Autogramm bitten. Langsam aber sicher schob die Welle ihn in meine Richtung. Nun wurde mir bewusst, wie wichtig dieser Mann für sein Volk war. Ich wurde ziemlich nervös wegen meiner Bitte ihn treffen zu dürfen, aber nun gab es kein Zurück.

Ich erinnerte mich daran, dass ich nicht so sehr als Astrid Marx hier war, sondern als ein Wesen, das sich an ihn als Bruder erinnert hatte und ich nahm einige tiefe Atemzüge. Als er mich schließlich erreicht hatte, stellte Standing Elk uns einander vor. Von Nahem spürte ich Dennis´ kraftvolle und eindrucksvolle Energie. Im Wagen hatte ich einstudiert, was ich sagen wollte. Weil es so viel Lärm gab, musste ich ihm ins Ohr schreien.

„Ich komme aus Holland. Ich sah Gerties Gemälde von Ihnen in Amsterdam und ein elektrisierender Schock durchfuhr mich. Ich habe das untersucht und fühlte, dass Sie mein Bruder gewesen sind. Aus Erfahrung weiß ich, dass ich starken Gefühlen wie diesem folgen muss. Ich weiß nicht was es bedeutet – möglich, dass ich Ihnen mit dem „Sacred Run" helfen kann, denn ich war Event-Veranstalterin."

Das letztgenannte kam einfach spontan aus mir heraus als ob ich einen legitimen Grund finden wollte, um seine Aufmerksamkeit zu erlangen. Er lauschte mir intensiv, ungeachtet der Lautstärke und des Gedränges um uns herum. Er legte seinen Arm um mich, umarmte mich und sagte:

„Es ist gut, meine Schwester zu treffen. Möchtest du mitkommen und dich eine Weile mit mir unterhalten?"

Seine Einladung überraschte mich und ich stammelte:
„Nun, ... ja ... wenn Sie Zeit haben?"
Und da gingen wir, unseren Weg durch die Menge bahnend; noch einmal schüttelte er Hände, gab Autogramme, streichelte Kindern über den Kopf. Er kannte die Namen vieler dieser Leute und nahm sich für alle etwas Zeit. Mir war, als würde ich neben einem König laufen und sagte:
„Ich weiß es wirklich zu schätzen."
Als wir weiterliefen fragte er mich, wie lange ich Darrell bereits kennen würde. Ich musste ihm sagen, dass dies keineswegs der Fall war. Er hatte mir wahrscheinlich nur erlaubt mit ihm zu sprechen wegen Darrells Empfehlung. Nachdem wir zwei Sicherheitsleute passierten, gingen wir in einen Gang und nahmen auf einigen Sesseln Platz. Er wandte sich mir zu und schaute mir in die Augen.
„Ich kann Ihnen nicht viel mehr sagen als das, was ich bereits gesagt habe."
Und dann wiederholte ich meine Event-Veranstalterin-Story. Ich murmelte irgendetwas über meine Affinität gegenüber den Indianern und erwähnte dann noch einmal das Gemälde von Gertie Bierenbroodspot. Er hatte nur das Bild gesehen, das sie von ihm gemalt hatte, nicht aber den Rest ihres Werkes, noch den Katalog der Ausstellung zu den Schamanen; ich versprach es ihm zu schicken. Er stellte mir einige Fragen und wollte auch wissen, wo ich lebte.
„Überall und in Seattle."
Er dachte einen Moment nach und sagte dann:
„Ich würde dich gerne einladen, dich am „Sacred Run" zu beteiligen. Lass uns noch einmal treffen. Ich hätte Zeit, dich am Montag oder vorzugsweise Dienstagabend während der Filmvorauswahl zu treffen."
Ich gab ihm meine Visitenkarte und schrieb meine Telefonnummer darauf, unter der ich vor Ort erreichbar wäre. Er gab mir seine mit dem indianischen Namen *Nowa Cumig*. Auf dieser Karte standen ebenso die Daten seiner Büros in den USA, Japan und Europa und ein Text:

„*Von Beginn an lebten die nativen Völker ein Leben in Harmonie mit allem was sie umgab. Es ist ihr Glaube, dass die gesamte Menschheit voneinander abhängig ist. Jeder hat eine Aufgabe, eine Seele & Heiligkeit. Es ist eine Übereinkunft mit dem Großen Geist oder Schöpfer, dass wir diesem Weg folgen wollen. Und in diesem Verständnis glauben wir, dass wir alle angewiesen sind auf das Leben aller anderen Spezies; der geflügelten Wesen, der Vierbeiner, aller Pflanzenwesen sowie aller anderen Elemente des Lebens, Wind-Feuer-Wasser. Die Sonne, der Mond und die Sterne sind da, um uns zu leiten.*"

Während wir im Gang saßen und uns unterhielten, wurden wir oft von Leuten unterbrochen, die anhielten, um ihn anzusprechen. Ich wollte nicht lauschen, konnte es aber nicht vermeiden und so warf ich einen Blick in sein persönliches Leben. Er hatte in Süd-Dakota im Pineridge-Reservat gelebt und war vor kurzem erst nach Kentucky gezogen. Irgendwer fragte ihn:
„Warum Kentucky?"
„Oh, das war noch jungfräulicher Boden!"
Und seine Freundin Alice lebte dort. Seine beiden Kinder waren zu Hause geblieben. Er stellte mich einigen Leuten vor, auch dem Komiker Charlie Hill und seiner Freundin Alice. Er sagte ihr:
„Sie hat mein Gemälde in Amsterdam gesehen!"
Es hörte sich so an, als wäre er davon beeindruckt gewesen. Zu mir gewandt sagte er:
„Die meisten dieser Leute sind gute alte Freunde; wir waren zusammen in der Bewegung."
Irgendjemand ging mit ihm schnell das Programm durch. Das Konzert sollte beginnen, deshalb musste er nun zur Bühne. Er drehte sich zu mir um:
„Lass uns heute Abend noch einmal reden, wir sollten etwas vereinbaren, bevor die Nacht rum ist, wir werden einen Weg finden."

Ich ging und setzte mich ganz vorne in die vollgepackte Halle, immer noch beeindruckt von Dennis. Er strahlte Autorität, Kraft, Stärke und Integrität in einer zwar stillen, aber sehr tiefgreifenden Art aus, ein wahrer König! Niemals zuvor hatte ich jemanden getroffen, der über solch eine Energie verfügte.

Das Publikum bestand vorwiegend aus amerikanischen Nativen, dies bewirkte eine sehr spezielle Atmosphäre. Ich war mir meiner weißen Haut sehr wohl bewusst in dieser roten Menschenmenge und bekam einen kleinen Einblick in das Gefühl, wie ein Anders-als-Weißer sich fühlen musste in einer weiß-dominierten westlichen Welt.

Das Konzert begann mit „Four Winds Drum", der traditionellen Mutter-Trommel, die von acht Männern gespielt wurde. Wir alle standen auf, um das Lied *„All Nations"* zu singen. Dann gab es Aufführungen einer Vielzahl von Einzelpersonen und Gruppen inklusive der Indianer aus den Anden, die eine wunderschöne Interpretation des berühmten *„El Condor Pasa"* spielten. Floyd „Red Crow" Westerman erschien auch, der Filmstar, der unter anderem auch den Häuptling in *„Der mit dem Wolf tanzt"*, gespielt hat.

Dann kam Charlie Hill, der Komiker aus Hollywood, auf die Bühne. Er machte sich über alles und jeden lustig, inklusive Dennis.

„Du kannst dich jetzt rasieren, sie werden dich nicht mehr ins Gefängnis werfen."

Er nannte Bush Senior *„Walking Eagle; too full of shit to be Flying Eagle"*. Er feixte und sprach von „den sogenannten New-Age-Leuten mit ihrem Regenbogen-Krieger-Zeug; diese, die behaupteten, sie hätten vergangene Leben als Indianer verbracht und die ihre Drum-Sessions abhielten – bewahre uns davor!"

Ich spürte, dass er mich damit meinte und ich verkroch mich in meinen Sitz.

Das unangenehme Gefühl, dass mich zuvor schon einmal heimgesucht hatte, kam zurück und schrie nach Rache. Was

tat ich hier und was dachte ich, wer ich wohl sei, um Dennis die Zeit zu rauben, während er wichtigere Dinge zu erledigen hatte? Ich kam mir sehr ärmlich und fürchterlich anmaßend vor. Ich fühlte auch eine Panik in mir aufsteigen, denn ich wollte nicht wirklich in diesen Marathon einbezogen werden; ich wollte nur zurück nach Seattle und mein Buch zu Ende schreiben. Ich schlug die Hände vor mein Gesicht und dachte:
„Was habe ich getan?"

Dieses Gefühl, eine Hochstaplerin zu sein, wurde immer schlimmer, als ein riesig beeindruckender Mohawk-Krieger die Bühne erklomm, um über die eiskalten Fakten der aktuellen Kriegszüge während einer Belagerung Montreals in Kanada zu berichten; Menschen wurden umgebracht und gefangen genommen, vierzig Männer wurden von einer Polizeikette von 1.500 Mann eingekesselt, und mehrere Details folgten. Beim Zuhören des heroischen Kampfes für ihre Rechte fühlte ich mich Null und Nichtig und als ein New-Age-Freak.

Ich begann fieberhaft mir einen Rückzug aus diesem Schlamassel auszumalen. Mein Gefühl von Anstand verbot mir, einfach zu verschwinden, ohne eine Erklärung bei Dennis oder Alice abzugeben. So, was nun? Als ich mit den Händen vor meinem Gesicht saß, hörte ich plötzlich die Stimme ganz ruhig sagen:
„Vertraue!"

Es hallte in meinem Körper wider und durchdrang mein Gefühl von Panik. Ich erinnerte mich daran, dass ich dank einer geheimnisvollen Folge von Ereignissen auf diesem Sessel saß – Dennis´ Gemälde in Amsterdam – Informationen über ihn in Wisconsin – eine Mega-Drum-Session – ganz unkomplizierte Bekanntmachung durch Darrell Standing Elk – und ich fühlte mich beruhigt.

Ich stand auf und ging den Gang hinunter, wo ich unverzüglich auf Dennis stieß. Er führte mich in ein Büro. Ich sagte ihm, dass ich mir bewusst war, ihm seine kostbare Zeit gestohlen zu haben und wäre leicht eingeschüchtert von der Vorstellung von Charlie Hill. Dennis erwiderte:

„Charlie spricht weise Worte", was mich nicht eben besser fühlen ließ.

Er rief seine weiße Freundin Alice, die, wie sich herausstellte, die zentrale Direktorin des „Sacred Run" war. Sie schlug vor, dass wir uns sofort zusammensetzen sollten, denn Montag und Dienstag wären bereits voll genug. Dadurch war meine Verlegenheit wie weggeblasen und ich befand, ich konnte umsteigen und mich als professionelle Organisatorin erweisen. Dennis fragte, ob Fundraising in Holland möglich wäre; ich versprach, das herauszufinden. Alice las eine Liste vor von Dingen, die erledigt werden mussten. Nach einer Weile musste Dennis zurück zur Halle. Ein gewaltig großer Indianer gesellte sich zu uns; wenn ich ihn unter anderen Umständen getroffen hätte, wäre ich auf die andere Straßenseite gewechselt, um ihn zu meiden. Er war der Medienmann der Organisation. Wir sprachen weiter über das Event und wo möglich, gab ich meinen Beitrag.

Alice betonte, dass Dennis auch an Universitäten und Schulen Vorträge hielt. Ich versprach, dass ich checken würde, ob erziehende Einrichtungen in den Niederlanden sich dafür interessieren würden. Dennis war ein Jahr im Voraus ausgebucht. In der folgenden Woche würden sie wegen des „Sacred Run" nach Sibirien gehen. Unser Treffen endete. Alice versprach, mir ein Paket mit Informationsmaterial zu schicken und ich sagte ihr, dass ich sie über meine Ergebnisse auf dem Laufenden halten würde. Wir verabschiedeten uns herzlich.

Als ich zur Halle zurückkehrte war es fast Mitternacht. Floyd Westerman stand wieder auf der Bühne, diesmal mit Country Music. Ich war müde und entschied mich zu gehen, schaute mich um, ob ich Dennis irgendwo sah, um mich zu verabschieden. Ich konnte ihn nicht finden, aber jetzt war es okay auch so zu gehen.

Während einer meiner Aufenthalte in den Niederlanden recherchierte ich das Fundraising und prüfte Möglichkeiten für Vorträge bei verschiedenen Institutionen, beides ohne Erfolg.

Ich schickte die Ergebnisse zu Dennis Banks und fügte den Katalog der *„Songs of the Shamans"*-Ausstellung von Gertie Bierenbroodspot bei, wo sein Gemälde abgebildet war.

Bis zum heutigen Tage weiß ich nicht, was die Ereignisse die dazu führten und das Treffen mit Dennis Banks bedeuten, anders als eine reiche Erfahrung und eine Übung in Demut.

17. Vollendung der Visionssuche und Initiation

Die vier Jahre meiner Visionssuche waren beinahe zu Ende. Zu dieser Zeit wusste ich dies aber noch nicht, jedoch lag ein Abschnitt noch vor mir, um das schamanische Training zu vervollständigen, welches das Universum mir zugedacht hatte.

Es geschah in einem Urlaubsort inmitten eines Reservats im Westen der USA. Ellen hatte meine Aufmerksamkeit darauf gebracht; sie fand, dass es ein magischer Ort sei, und das war er auch. Sobald ich dort angekommen war, schien es, als wäre die Zeit stehen geblieben: keine Telefonsäulen und keine Reklametafeln trübten die trockene Landschaft der Hochwüste. Die Ressortgebäude standen in einem Becken, die Architektur war dem Umfeld angepasst, Totempfähle und native Artefakte zierten das Innere.

Das Resort hatte eine kulturelle Abteilung; ich rief dort an und fragte nach, ob irgendwelche traditionellen Zeremonien abgehalten wurden. Eine freundliche weibliche Stimme teilte mir mit, dass sie regelmäßig Schwitzhütten-Zeremonien bei Sonnenaufgang in ihrem Haus nahe dem Fluss organisierte. Sie war bereit, für den nächsten Morgen einen Termin zu machen, aber erst sollten wir uns in der Lobby treffen.

Ihr Name war Linda. Sie stellte sich als warmherzige und großzügige Frau heraus. Wir unterhielten uns vier Stunden lang, saßen in der stillen Halle mit der strahlenden Wüstensonne, die durch die hohen Fenster fiel. Sie erzählte mir, dass sie eigentlich nicht vorgehabt hatte, an diesem Morgen ins Resort zu gehen. Trotzdem hatte sie auf ihre innere Stimme gehört und war doch gekommen.

„Es war, als ob ich auf irgendetwas oder irgendwen warten musste. Ich denke, dass ich auf dich warten sollte."

Es war ein beiderseitiges Wiedererkennen; ich hatte das Gefühl, dass sie ein weiteres Signal auf meinem Weg war.

Wir tauschten Einzelheiten unserer Geschichten, entdeckten, dass wir am gleichen Tag geboren waren, sie 1945 und ich 1950. Obwohl sie hier im Reservat geboren worden war, bedauerte sie es außerordentlich, dass sie nicht in der Lage war, ihre eigene native Sprache zu sprechen. Bis in die 70er-Jahre war es verboten. Auch sie wurde für sieben Jahre weg von ihrer Familie auf ein Internat geschickt.

Linda stammte aus einer langen Tradition der Medizinfrauen in ihrer Familie. Ihre Großmutter erzog sie, indem sie sie in die Wüste mitnahm und die nährende und heilende Kraft der nativen Kräuter und Pflanzen zeigte. Sie wendete ihr Wissen in ihrer Familie und Gemeinschaft an, sprach auf Konferenzen und empfing ausländische Besucher.

Am Ende unseres Gesprächs erklärte sie mir den Weg zu ihrem Haus, wo sie mit Mann, Kindern und Pflegekindern lebte. Wie so viele Großmütter in Reservaten, nahm sie drei junge Pflegekinder auf, deren Eltern drogenabhängig waren.

Um halb vier stand ich auf. Der Himmel war gesprenkelt mit einer unvorstellbaren Zahl von Sternen. Durch die stille Landschaft fuhr ich zu ihrem Haus. Über die Ranch ihrer Familie verstreut, standen eine Reihe von Nebengebäuden, Schuppen, Einpferchungen, landwirtschaftliche Maschinen, ein alter Wagen und es gab viele umherlaufende Tiere. Ich stieg aus dem Wagen aus und wurde von zwei bellenden Hunden begrüßt, die zurück unter die Veranda liefen, nachdem ich sie gestreichelt hatte. Die Ranch lag in einem kleinen Tal, umgeben von Bergen, still und dunkel; durch die Pappeln konnte man den Fluss erkennen. Verschiedene Häute hingen zum Trocknen zwischen zwei Pfählen. Ehrfürchtig stand ich dort, als die Morgendämmerung nahte in der zeitlosen Schönheit der Szenerie; dies hätte ebenso zweihundert Jahre zurück geschehen können.

Linda erschien in der Tür und begrüßte mich. Sie führte mich an eine Stelle am Fluss, hinter einen Zaun, wo eine kleine Schwitzhütte mit einer Feuerstelle stand, ein Unterstand mit einigen alten Sesseln darunter und Teppichen auf dem Boden. Es war wie eine Erweiterung ihres Wohnzimmers. In einer Grube machte sie schnell ein Feuer und als es glühte, legte sie Steine drauf, die in der Schwitzhütte benutzt werden sollten.

Still saßen wir beieinander, den Fluss zu unseren Füßen, tauchten ein in die Herrlichkeit der Natur. Nach einer Weile begann sie über die Tradition der Schwitzhütte zu erzählen. Für sie war es wichtig, nahe der Schwitzhütte fließendes Wasser zu haben, denn „Wasser ist Leben". Durch ihre Worte erkannte ich plötzlich die Verbindung zwischen meiner vor kurzem erst überwundenen Angst vor Wasser und der zunehmenden Lebensfreude.

Es brauchte ungefähr eine Stunde bis die Steine heiß genug waren. Wir entkleideten uns. Sie gab mir einen alten Stieltopf und ich übergoss mich mit warmem Wasser aus einem Eimer. Linda brachte die heißen Steine hinein und ich betrat die Schwitzhütte auf allen Vieren. Sie folgte mir, bedeckte die Öffnung mit Decken und setzte sich auf die Erde. Sie goss Wasser auf die Steine in der Feuergrube, welches den engen Raum in Dampf einhüllte. Sehr schnell bemerkte ich, wie sich meine Poren öffneten und Schweiß rann aus allen Teilen meines Körpers, das Gesicht entlang, Arme, Wirbelsäule und Beine. Ein wundervolles Gefühl. Ich lebte.

„Dies ist die Zeit zu heilen und zu reinigen, zu singen, beten, reden oder still zu sein", sagte sie mir. Und wir taten es allesamt. Sie erzählte, dass sie während der Schwitzhütten-Zeremonie immer die Frauen an ihren großen Anteil am Heil der gesamten Welt erinnerte, denn sie gebären die Kinder. Ich spürte eine Welle von Traurigkeit, weil ich keine Kinder hatte; später sagte sie mir, dass sie meinen Verlust gespürt habe. Sie sang *„Ich bin eine Frau, ich bin ein Erzähler, ich bin eine Frau, ich bin Eins"* und ich sang mit. *„Ich bin ein Erzähler ..."*

Am Ende des ersten Durchganges gingen wir hinaus und Linda wies mich an, mich am Geländer festzuhalten und in den Fluss zu gehen, was ich sehr behutsam tat. Ich stand im Fluss und zögerte, um einzutauchen. Sie rief:
„Nicht nachdenken, tu´s einfach!"
Schnell tauchte ich ein, das Wasser war wundervoll kühlend. Nach einer kurzen Weile gingen wir zurück zur Schwitzhütte. Die nächste Runde war die des Gebets und mein Gebet war:
„Ich danke dem Großen Geist, weil er mir Linda auf meinen Weg geschickt hat und für die Möglichkeit, diese Schwitzhütte zu haben. Ich bitte um die Kraft, empfangen zu können und mit offenem Herzen zu leben."

Nach dem dritten Durchgang krabbelte ich aus der Schwitzhütte heraus und befand, dass ich kaum aufstehen konnte, mein ganzer Körper fühlte sich fürchterlich schwer an. Wie im Nebel stolperte ich zum Fluss. Black-out. Als ich hinkam, lag ich im Fluss in Lindas Armen mit Blut an meiner rechten Schläfe und Krämpfen in Armen und Beinen. Linda brauchte eine lange Zeit, um mich zur Bank zu schleppen. Ein Boot mit Fischern fuhr vorbei und schnell bedeckte sie meinen nackten Körper mit einem Handtuch. Eines ihrer Kinder tauchte auf und Linda schrie förmlich, er solle sich beeilen und die Älteren holen. Ich verlor das Bewusstsein, doch als ich wieder zu mir kam, schaute ich mit Erstaunen auf meine Hände und Beine als gehörten sie jemand anderem.
Die Älteren kamen; drei von ihnen. Die älteste Frau, eindeutig die Anführerin, wurde sehr böse, als sie mich sah. Sie schnauzte Linda an:
„Wie kannst du es wagen, uns für eine weiße Frau zu rufen?"
Aber anscheinend siegte letztlich ihr Pflichtbewusstsein. Sie standen um mich herum und begannen zu singen, ihre tiefen, jammernden Töne erreichten langsam eine höhere Tonlage. Der Klang ihrer Stimmen durchdrang meine Benommenheit und gelangte in meine eigentliche Wesenheit.

Die Anführerin ging in den Fluss, nahm Schlamm und schmierte ihn auf meine Arme und mein Gesicht. Sie spuckte mir ins Gesicht, sang und drehte sich um mich herum. Dann sagte sie, dass hinter der Biegung des Flusses die Gräber zweier Medizinmänner und eines Schamanen waren, die erklärten, dass ihre Spirits gekommen waren, um mich zu initiieren. Mit Unglauben in der Stimme sagte sie:
„Du musst sehr gute Medizin haben, denn sonst hätten sie dies nicht getan."
Die Ältesten umkreisten mich noch ein weiteres Mal und dann verließen sie uns. Die Krämpfe waren weg, aber ich fühlte mich noch immer benommen, nur teilweise in der Lage zu begreifen, was geschehen war. Linda lud mich ein zu bleiben und mich zu erholen.

An diesem Nachmittag war ich alleine in ihrem Haus, umgeben vom heulenden Wind und der trockenen Wüste. Ich spürte die Gegenwart der beiden Medizinmänner und des Schamanen. In meinem etwas veränderten Bewusstsein konnte ich einen weisen alten Mann mit Federkopfschmuck, sitzend auf einem Felsen, erkennen, hoch über der Biegung des Flusses. Seine Weisheit und sein Wissen schienen in Wellen aus ihm herauszuströmen, sich bis zu mir hinüber zu verlängern, damit ich es aufnähme. Er erreichte mich und berührte einen Punkt in mir, der in meiner modernen Form von mir in meiner westlichen Welt verborgen gewesen war; in dieser zeitlosen Kulisse war eine uralte Erinnerung schamanischer Weisheit aufgewühlt worden.
Die Worte und Taten der Ältesten, die dieses gedeutet hatten, dämmerten mir langsam. Dies war ein Initiationsritual gewesen. Die schamanischen Lektionen, die das Universum mir zugewiesen hatte, waren nun komplett. Ich war in ihren Kreis aufgenommen worden. Aus meinem tiefsten Inneren kam eine Resonanz, eine Bestätigung. Die Stimme sagte:
„Es ist vollbracht."

Gänsehaut und ein Zittern überfielen mich und ging durch meinen ganzen Körper hindurch. Jetzt wusste ich, dass es mir von hier an gestattet war zu behaupten:
„Ja, ich bin eine Schamanin."

***

Ich war dankbar für die uralte Weisheit der nativen Menschen, die meinen Weg kreuzten und die in meiner Ausbildung eine Rolle spielten.

Genni, die Schamanin der Cherokee, lehrte mich den Aufbau und die Wirkung der Rituale, das Trommeln, die Zeremonie der Pfeife und die alte Art und Weise der Schwitzhütte.

Linda, die Medizinfrau – wo ich einige Male hin zurück ging – erzählte mir von der heilenden Kraft der Pflanzen und zeigte mir, wie Mitgefühl und Respekt der aufgewühlten Jugend in den Reservaten half.

Phil, Cree-Bruder in Vancouver, zeigte mir, wie die alten Traditionen in die westliche Welt passen.

Crazy Horse, der Häuptling, demonstrierte die Bedeutung der Kampflust, Widerstandsfähigkeit und das Zusammenführen von Kräften.

Sie alle lehrten mich den Respekt vor der Natur, unserem Platz darin und wie sie uns nährt.

In diesen vier Jahren der Visionssuche schwand mein Widerstand, eine Schamanin zu sein. Dies half mir, die Auswirkungen, welche die Ausbildung auf meinen Körper, meinen Geist und meine Seele hatte, zu akzeptieren. Mein Körper lernte ein Mittler für intensive und kraftvolle Energien zu sein, stellte sich darauf ein, Schwingungen des universellen Energieflusses zu empfangen und zu übertragen. Mein Geist lernte offen zu sein für das Unfassbare – wie der Brüllende Berg – und dem Unsichtbaren die Form zu geben. Meine Sinne schärften sich und mein ganzes System justierte sich auf den Rhythmus der Erde, der Sonne und des Mondes. Ich entdeckte, dass, wenn ich mich diesem Rhythmus einmal hingab, sich das Leben von selbst entfaltete.

Ich fühlte mich durch die schamanischen Instrumente bereichert, die mir angeboten worden waren; bereichert durch das Lernen, sich dem Leben zu beugen und die Stille zu lieben.

***

Ich konnte sehen, dass eine Menge Arbeit auf mich wartete, um alles, was ich lernte, in mein tägliches Leben in der westlichen Gesellschaft zu integrieren, nicht nur als Schamanin, sondern auch als Mensch. Ich war und bin immer noch inspiriert von den Worten von Lame Deer, Medizinmann und Heiliger Mann der Sioux.

Der Wicasa wakan *will für sich sein. Er will abseits von der Menge und dem täglichen Kleinkram sein. Er will meditieren, will sich gegen einen Baum oder Felsen lehnen, will die Bewegungen der Erde unter sich spüren. Auf diese Weise kann er Dinge herausfinden und Fragen beantworten. Indem er seine Augen schließt, sieht er viele Dinge klarer. Was du mit geschlossenen Augen siehst, das zählt. Der* Wicasa wakan *liebt die Stille, in sie hüllt er sich ein wie in eine Decke – eine laute Stille mit einer Donnerstimme, die ihm vieles erzählt. Ein solcher Mann bevorzugt einen Platz, wo außer dem Summen der Insekten nichts zu hören ist. Er sitzt und blickt nach Westen und bittet um Hilfe. Er spricht zu den Pflanzen, und sie antworten ihm. Er lauscht den Stimmen der* Wama kaskan *– den Stimmen all derer, die sich auf der Erde bewegen, der Tiere. Er ist eins mit ihnen.*
Dieser Medizinmann ist weder gut noch schlecht. Er lebt – nichts sonst, und das genügt. Der Wicasa wakan *ist einfach er selbst, und dementsprechend handelt er auch. Ein Medizinmann sollte kein Heiliger sein. Er sollte all das Auf und Ab, die Verzweiflung und die Freude, das Magische*

und die Realität, den Mut und die Angst seines Volkes erfahren und fühlen. Er muss so tief sinken können wie ein Wurm und so hoch fliegen wie ein Adler. Wenn er nicht beides erfahren hat, ist er kein guter Medizinmann.

18. Vancouver und Eckhart Tolle

Die Zeit kam, dass ich mein „normales Leben" wieder aufnehmen musste. Prompt wurde mir die Möglichkeit geboten, als ein niederländischer Bekannter aus Vancouver nach Alaska ging und mir sein Haus zur Verfügung stellte. Das geräumige Haus lag in einer ruhigen von Bäumen gesäumten Straße mit einem freien Gästezimmer, welches ich als Behandlungsraum einrichtete.

Es war ein fremdes Gefühl, meine Koffer auszupacken, nachdem ich sie vier Jahre lang hinter mir hergeschleppt und aus ihnen gelebt hatte. Es brauchte eine Weile, bis ich mich daran gewöhnte, wieder ein permanentes Zuhause zu haben und nicht, mir nichts, dir nichts, wieder durchstarten zu müssen.

Die Natur blieb in greifbarer Nähe. Es war ganz schön, die North Shore Mountains von meinem Küchenfenster aus sehen zu können und nahe dem Pazifik zu sein. Die unberührte Wildnis British Columbias erfüllte mich mit Ehrfurcht, und bestätigte sowohl die Geringfügigkeit des menschlichen Seins als auch das Sein als Teil des Ganzen. Hier war es leicht, in Kontakt zu kommen mit meinem Sein, mit der Zeitlosigkeit und mit den Elementen.

Es war der ideale Platz, mich niederzulassen und in die Praxis umzusetzen, was ich gelernt hatte.

***

Auf der persönlichen Ebene war dies die Zeit, da meine biologische Uhr aufhörte zu ticken und das Verlangen, ein Kind zu gebären, ebbte ab. Ich hatte versucht, die Erinnerung an den Abort, der eine Woche nach Peters Tod stattgefunden hatte, zu verdrängen, aber natürlich hatte das nicht geklappt. Es war nicht nur emotional unmöglich, sondern auch, weil eine niederländische Verbraucherorganisation eine Klage zugunsten der niederländischen Opfer gegen den V.S.-Hersteller wegen fehlerhafter Verhütungsmittel eingereicht hatte. Ich musste eine Liste mit detaillierten Informationen vervollständigen; jede Frage und jede Antwort brachte den Schmerz und Panik und Traurigkeit wieder zurück, drehte das Messer in meinem Bauch. In den vielen Jahren, die diese Klage benötigte, mussten diese Informationen immer wieder bereitgestellt werden. Es zwang mich, meinem traumatischen Erlebnis ins Gesicht zu schauen, es zu bearbeiten und letztendlich einen Platz zu geben. 1995 war die letzte Entschädigung gezahlt worden für die Rechtsverletzung und das Leid, das man den Opfern angetan hatte. Eine Vollendung, die ich fühlen konnte auf allen Ebenen meines Seins.

***

Ich war Mitglied bei einer Anzahl von Gemeinschaften in Vancouver – Heiler, Mastery-Absolventen, eine alternative Kirche – und fühlte mich angenommen. Ich begann wieder mein Netzwerken, und man lud mich ein, Lehrstunden und Seminare in Schamanismus und Spiritualität zu geben. Dies alles generierte Klienten.

Ohne große Anstrengung schuf ich mir meine, wenn auch bescheidene, schamanische Praxis. Ich war angenehm überrascht zu erkennen, dass das Wissen, welches ich während meiner Visionssuche gesammelt hatte, einfach in meine natürlichen Talente eingebunden und in die Tat umgesetzt werden konnte.

Die Dienste, die ich anbot, waren Heilung, energetische Reinigung von Wesenheiten und/oder Örtlichkeiten, und gelegentlich maßgeschneiderte Rituale. Es gab oft den Bedarf eines Coachings und es stellte sich heraus, dass ich aus meiner eigenen Erfahrung schöpfen konnte, um das Benötigte zu erfüllen durch Verbindung mit meinen schamanischen Erkenntnissen, persönlicher Entwicklung und geschäftlicher Erfahrung. Folglich erweiterte sich mein Repertoire um das Coaching. Meine Klienten wollten typischerweise daran arbeiten, alte Muster zu durchbrechen oder lernen, eine tiefere Verbindung herzustellen zu ihrer Lebenskraft, ihren Beziehungen und dem Universum.

Die Fragen der Klienten waren meist allgemein und gelegentlich örtlich gefärbt, wie das folgende Beispiel von Coaching und Heilung zeigt.

Vancouver, BC, zu dieser Zeit auch als das Hollywood des Nordens bekannt, hatte eine florierende Film- und Fernseh-Industrie. Meine Klientin war eine Agentin, die Rollen für ihre Schauspieler in örtlichen Produktionen fand. Dies bedeutete oftmals Verhandlungen mit professionellen Assen von Hollywood. Sie war sehr erfahren, aber regelmäßig musste sie zugeben, dass sie von pfiffigen Schlaumeiern übertrumpft worden war. Sie empfand dies als Unzulänglichkeit ihren Mandanten gegenüber und kam zu mir, um zu sehen, was zu tun war.

Ich benutzte die Energien, welche ich bei der Abstimmung und durch geführte Visualisierungen aufgefangen hatte, um zum Ursprung ihrer Unsicherheiten und ihrer Angst, sich durchzusetzen, zu gelangen. Wie so oft in diesem Fall begegneten wir emotionalen Hemmungen, die sich selbst im Körper verfestigt hatten. Die Heilkraft in meinen Händen und meine schamanischen Instrumente verhalfen ihr bei diesem Prozess, durch behutsame Ansprache und Ablösen der Angst, emotionaler Belastungen und Hemmungen, zu mehr Vertrauen in sich selbst und ihre Talente zu kommen. Dann arbeiteten wir an einem Weg, diese neu gefundenen Einsichten in ihr Arbeitsumfeld zu implementieren.

Ich schlug vor, dass ein Plakat, in ihrem Büro aufgehängt, hilfreich sein würde, sie immer an die Möglichkeit zu erinnern, in hartnäckigen Interaktionen auf eine andere Weise zu handeln. Sie schlug eine Redensart des Wilden Westens vor, die in dieser Gegend noch nicht so lange zurück lag. „Hold the fucking horses!" oder: Warte mal eine Minute, ich möchte nicht, dass diese Kerle auf mir herumtrampeln, ich habe einen Plan für die Aufstellung dieses Schauspielers und sie sollten auf mich hören." In großen Buchstaben schrieb sie diese Redensart auf einen Banner und hängte es in ihr Büro. Es bedeckte beinahe die ganze Wand. Und es funktionierte, sowohl für sie selbst – sie fühlte sich selbstsicherer – als auch für ihre Klienten – sie konnte sie leichter vermitteln.

Das nächste ist ein Beispiel für die wandernde Seele eines eigensinnigen Mannes, der Hilfe benötigte, seinen Tod zu akzeptieren und dieses Leben zu verlassen.

In einem vornehmen Viertel in Vancouver war ein schönes Haus zu verkaufen, nachdem sein Besitzer einige Monate zuvor verschieden war. Seine beiden Töchter wollten das Haus renovieren und dann verkaufen. Es schien unmöglich zu sein. Der mit den Arbeiten beauftragte Schreiner versuchte mühsam seiner Arbeit nachzugehen, während immer wieder befremdlich anmutende Begebenheiten vereitelt wurden. Seine Werkzeuge fielen ihm aus der Hand oder brachen ab und zwei Löcher in den Wänden erschienen wo vorher keine gewesen waren. Und als der Makler mit zwei potenziellen Käufern kam, wurden sie durch ominöse Geräusche und eine gruselige Atmosphäre im Haus verjagt. Das Haus ließ sich nicht verkaufen. Die Mädchen standen vor einer absolut unlösbaren Aufgabe. Eine der Töchter war eine Bekannte von mir und sie bat mich um Rat. Ich ging zum Haus und fand ihren Vater mit verschränkten Armen in seinem Sessel sitzend in seinem Zimmer. Er sagte:
„Ich will hier nicht raus, es ist mein Zuhause."

Er war ein sehr störrischer und willensstarker Mann gewesen, der seinen friedvollen Übergang in das Leben danach verhinderte. Zuerst reinigte ich das Haus energetisch und kehrte dann zu ihm zurück.
Ich verwickelte ihn in ein Gespräch oder vielmehr in eine Verhandlung. Sehr behutsam und sehr respektvoll sagte ich ihm, dass sein Leben ans Ende gekommen sei, dass es eine Zeit zu Kommen und zu Gehen gab, und dies war nun die Zeit für ihn zu gehen. Ich erklärte ihm, dass es für seine Töchter nötig war, ihr eigenes Leben weiter zu leben und dass es deshalb nötig war, einige Angelegenheiten sorgfältig zu erledigen und dieses Haus zu verkaufen. Die Liebe zu seinen Töchtern, ungeachtet der Schwierigkeit, dieses auch zu Lebzeiten zu bekennen, half ihm über die Schwelle. Er stimmte zu, zu gehen, und ich assistierte ihm dabei, die materielle Welt zu verlassen und in die Passage zum Immateriellen einzutreten. Es funktionierte. Er verließ tatsächlich das Haus, welches sofort verkauft wurde.
Meine Bekannte ist eine professionelle Sprecherin und Schauspielerin. Sie nahm diese Geschichte in eine One-Woman-Show auf und in ein kürzlich erschienenes Buch über das Leben ihres Vaters.

Situationen wie diese benötigen eine Menge Energie. In solchen Momenten ist mir bewusst, dass mein chronisches Übergewicht eine Funktion hat. Ein Puffer, um dieser Energie zu erlauben durch meinen Körper zu fließen und mich auf dem Boden zu halten.

Übergewicht spielte immer eine Rolle in meinem Leben: als Baby wollte ich schon mehr essen als vorgeschrieben war. Als Kind war ich der Mülleimer der Familie, und als Erwachsene war es ein konstantes Ringen mit dem Wunsch, mehr zu essen als gut für mich war. Es war eine Herausforderung, in alle Ecken und Winkel meines Selbst zu schauen und nach dem Ursprung dieses primitiven Wunsches zu suchen und wie ich damit umgehen konnte. Zu Tode hungern in vorangegangenen Leben war ein Aspekt, sich hinwegessen im Sinne von Begierde, ein anderer. Ein Verhalten, welches für eine lange Zeit so fortgesetzt wurde.

Wie ich zu Beginn meiner Ausbildung gelernt hatte, wiederholte ich immer wieder, das Gesicht in freier Natur auf den Boden zu legen, um die Energien anderer Menschen gehen zu lassen und mich selbst zu erden. Glücklicherweise stellte dies kein Problem dar, denn eine Freundin hatte ein großes Stück Land, welches ich manchmal besuchte. So habe ich mich einst begraben lassen, gänzlich bedeckt mit Erde, atmend durch ein Rohr, wörtlich eingeschlossen in den Bauch von Mutter Erde.

***

In Vancouver erwachte meine alte Liebe für das Schauspiel wieder. Wie ich zuvor bereits erwähnte, nahm ich an einem Workshop teil, der sich „Die Meisterschaft der Selbstdarstellung" nannte, eine Art Psychodrama mit Unterhaltung, ursprünglich gegründet für Schauspieler, die ihre Inspiration verloren hatten, welcher aber jetzt auch für Normalsterbliche zugänglich war. Die Menschen, die diesen Workshop besucht hatten, führten diesen fort, indem sie als Zuhörer zu den folgenden Workshops kamen und in dieser Zeit formte sich so eine große Gemeinschaft.

Als Ergänzung dazu gab es auch andere Aktivitäten, zum Beispiel einen Chor, Sportveranstaltungen und eine Plattform für diejenigen, die mit ihrer Aussage oder ihrem Talent ins Rampenlicht wollten. Ich entschied mich dazu, beides miteinander zu kombinieren, Aussage und Talent, und nahm an einem dieser Abende in Form einer Mini-One-Woman-Show teil. Für circa einhundert Leute hielt ich einen fröhlichen Vortrag über persönliches Wachstum und Spiritualität und bezog das Publikum mit ein. Sich von alten Verhaltensmustern verabschieden? Wir sangen herzhaft den alten Ray Charles-Hit „Hit the road Jack and dont you come back no more." Die

Lobpreisung von Gesamtbewusstsein? Zusammen gaben wir „Amazing Grace" wieder, als seien wir ein routinierter Gospelchor. Ich liebte es und erntete Beifall. Andere Gelegenheiten ergaben sich, in welchen sich diese wundervolle Erfahrung wiederholte.

Außerdem trat ich einer Gruppe InterPlay bei, einer globalen Bewegung, die in Kalifornien ihren Anfang genommen hatte, um die „Weisheit des Körpers" zu entschlüsseln. Wir machten interaktive Spiele mit Bewegung, Geschichtenerzählungen, Singen und Improvisieren. Zum Beispiel würden wir Anweisungen bekommen wie „Versetze dich in eine Erdbeere hinein" oder „Kreiere eine Oper" oder ein anderer beginnt einen Satz, den der Nächste ausschmückt, und das führt oftmals zu einer sehr bizarren Geschichte. Es ist eine Art Theatersport. Ich bekam Spaß daran, besonders am nonverbalen Teil.

Einmal war es noch eine halbe Stunde Zeit und ich wurde gebeten, das Wort zu ergreifen und zu improvisieren. Also nahm ich einen tiefen Atemzug, leerte meinen Verstand und begann. Was dabei herauskam, war meine Lebensgeschichte, portraitiert in Mimik und Tönen. Ich nutzte alle Ecken und Winkel meines Innersten und den großen Raum, warf mich auf den Boden, sprang hoch in die Luft, benutzte mein ganzes Sein, um es darzustellen. Die Geschichte entfaltete sich ohne Vorbereitung, ließ keinen Raum für Gedanken, um Anweisungen zu geben. Ich war vollkommen in meinem Element. Als ich geendet hatte, tat sich eine tiefe Stille auf und es schien wie eine Ewigkeit, gefolgt von tosendem Applaus.

Ich kam langsam wieder herunter und zurück in meinen Körper, in die Gegenwart und an diesen Ort. Ich war soeben in einer anderen Dimension gewesen, wo alles möglich gewesen war.

Diese Form der Selbstdarstellung war für mich eine spirituelle Erfahrung; total aufzugehen im Hier und Jetzt, Eins zu sein mit dem Umfeld. Eine Erfahrung, die ich jedem wünsche. Eine Idee war geboren, um Menschen zum Strahlen zu bringen:

Nimm all deine Sinne, füge rituelle und kreative Elemente hinzu, gieße einen Hauch von Spiritualität darüber, nutze deine Gaben als Verbindung und *voilà*: schamanisches Theater. Dieses werde ich mir aber später noch erarbeiten müssen.

***

Die Idee für ein Radioprogramm entwickelte sich in meinem Geiste, als mein Auge auf ein Stellenangebot als Manager bei einem Radiosender fiel. Aus einer Laune heraus bewarb ich mich für diesen Job und wurde zu einem Interview mit dem Gutachterausschuss eingeladen. Gefragt, warum ich den Job haben wollte, antwortete ich, dass ich gerne Radio machen würde und es schien mir eine gute Idee zu sein, sich in die Materie einzuarbeiten. Während des Interviews wurde mir gesagt, dass sie sich nicht für mich entscheiden würden, aber sie wollten wissen, welche Art von Programm ich im Kopf hätte. Aus dem Stand heraus improvisierte ich meine Pläne. Anscheinend überzeugend genug, denn sie baten mich, ein offizielles Angebot zu unterbreiten. Ich tat es. Sie begrüßten meine Ideen und sagten, dass sie meine Stimme mochten und kurze Zeit darauf bekam ich grünes Licht für ein wöchentliches Programm auf ihrer Station.

So kam es, dass im Mai 1998, nach einem zweistündigen Training, ich die erste Sendung von *„Marx on Awareness"* produzierte und präsentierte. Das Programm stand unter einem holistischen Ansatz mit einem breiten Spektrum an Themen, von Umwelt bis alternative Medizin und von nachhaltiger Unternehmensführung bis zu persönlicher Entwicklung, abgerundet mit einer Spur von zeitgemäßem Schamanismus. Ich interviewte Fachleute und spielte ihre Auswahl an Musik. Meine Standardeinleitung war ein dummer Witz: diese Marx spricht nicht über Humor oder Kapital sondern über Bewusstsein.

Ich interviewte etliche Leute, aber das Interview mit Eckhart Tolle blieb mir am besten in Erinnerung. Sein Buch „Die Kraft der Gegenwart" war soeben veröffentlicht, und es war leicht, mit ihm über seinen Verleger einen Termin zu vereinbaren. Ich hatte sein Buch gelesen und war beeindruckt, jedes einzelne Wort rief Anerkennung hervor. Und deshalb war ich in freudiger Erwartung auf dieses Interview.

Am 7. April 1999 fuhr ich zu seinem Apartment in der Nähe des Stanley Parks im Stadtzentrum von Vancouver. Eckhart Tolle öffnete die Tür, ein langwüchsiger Mann mit strahlend blauen Augen und einer wunderbaren stillen Ausstrahlung; er machte irgendwie einen weltfremden Eindruck.

Eckhart sagte mir, dass er kaum Interviews gäbe, denn die Reporter wären nicht wirklich an seinen Themen interessiert. In seinem Wohnzimmer installierte ich das professionelle Aufnahmegerät des Radiosenders, welches ich schon viele Male zuvor benutzt hatte. Die Lämpchen am Recorder leuchteten und alles schien okay zu sein bis ich den Test machte: Der Lautstärkeregler funktionierte nicht! Ich probierte alles aus, um es gängig zu machen, aber keine Chance. Eckhart legte seine Hand auf meine Schulter und sagte:

„Es ist wahrscheinlich nicht der Augenblick, wo wir das Interview machen sollten. Komm doch später noch einmal wieder. Lass uns setzen und ein bisschen miteinander reden."

Obwohl ich mich schämte über die Ungeschicklichkeit, fühlte ich mich gleichzeitig geehrt durch die Alternative, die er mir anbot und dankte ihm herzlich dafür.

Ich erzählte ihm, wie sehr sein Buch auf mich gewirkt hatte. Er sagte:

„Das ist, weil du in der Zeit des Übergangs bist, es gab wahrscheinlich keine neue Information, nur die Energie kam durch."

Eckhart ermutigte mich etwas über mich selbst zu erzählen. Die helle Energie und seine ruhige, jedoch intensive Präsenz machten es möglich, unverzüglich auf den Kern zu kommen. Ich sagte über meine Arbeit:

„Ich weiß, dass ich mich offenbaren muss, aber da ist immer noch diese Angst."

Er erwiderte: „Für die Persönlichkeit wird diese Angst immer da sein, geschaffen durch den Geist, aber wenn du es wirklich tust im Hier und Jetzt, dann ist da keine Angst mehr."

Ich fühlte mich so wahrgenommen und angenommen durch ihn, dass ich sogar von meiner dunklen Seite erzählte und meiner Aversion dagegen. Seine weise Antwort war:

„Es muss so sein, diese beiden Polaritäten, andernfalls würde es zusammenbrechen."

Nach einer Stunde war unsere Unterhaltung beendet. Wir verabschiedeten uns. An der Tür drehte ich mich noch einmal um und hörte mich zu meiner eigenen Überraschung sagen:

„Ich weiß, dein Stern wird aufgehen und leuchten."

Eckhart schaute mir tief in die Augen und sagte:

„Und deiner auch."

Ich war überrascht: „Meinst du wirklich?"

Er bestätigte: „Ja!"

Eine Woche später war ich zurück, das Gerät funktionierte und das Interview verlief gut. Kurz darauf nahm Oprah Winfrey, damals die bekannteste TV-Moderatorin der USA, sein Buch in ihre Liste auf und erwähnte ihn wiederholt in ihrem Programm. Und wenn Oprah etwas sagte oder tat, dann waren die Reaktionen darauf gewaltig; das Buch stürmte unverzüglich in die Top Ten. Eckhart reist gegenwärtig um die Welt, gibt Kurse und Workshops, hat mehrere Bücher geschrieben und, zusammen mit Oprah, einen Online-Kurs gegeben, basierend auf seinem Buch „Eine neue Erde". Sein Stern ist in der Tat aufgegangen!

***

Ich arbeitete daran, eine Fernsehversion meines Radioprogramms vorzubereiten, als mein Leben plötzlich wieder eine andere Richtung nahm, und ich zur alten Welt zurückkehrte.

2001–Heute

19. Zurück in den Niederlanden

Meine Mutter wurde krank. Ich packte alles zusammen und ging 2001 zurück in die Niederlande. Keine weiteren Abenteuer, stattdessen Sorge und Pflege um die Mutter und als dieses nicht länger nötig war, begann ich wieder einmal, mein Leben auf die Beine zu stellen. Meine alten Fähigkeiten als Sekretärin wurden wieder aufpoliert und so nahm ich zwei perfekt normale Teilzeitjobs an. Ich brauchte eine Weile, ehe ich mich daran gewöhnte. Statt eine Fortbildung „Wie verhält man sich vor laufender Kamera" zu folgen, erstellte ich ein Dateisystem, und statt der Leitung eines Rituals in der Wildnis, führte ich Protokoll in einem Konferenzraum. Dennoch war ich dankbar für das alte Metier, denn es stellte das Dach über meinem Kopf sicher und das Brot auf meinem Tisch. Als dieses getan war, begann ich zu netzwerken und errichtete aus dem Nichts heraus eine Praxis, genau so, wie ich es in Vancouver getan hatte.

***

In den vergangenen Jahren hatte ich einiges gelernt, um mein Leben selbst in die Hand zu nehmen. Inzwischen wusste ich, dass ich zum großen Teil meine eigene Realität erschaffe und nicht jemand anderen für mein Leid und meine Fehler verantwortlich machen kann. Meine größten Verurteilungen und Handlungen generieren die Umstände in meinem Leben. Meine sowohl negativen als auch positiven Selbstbildnisse werden darin bestätigt: „Es ist niemals genug" und „Ich bin niemals genug" als auch „Ich vertraue meinen Fähigkeiten und deshalb wage ich, alles hinter mich zu lassen und neu zu beginnen".

Meine Erfahrungen mit Affirmationen waren die, dass sie in der Tat bis zu einem bestimmten Grad funktionierten, um meine Intention zu verwirklichen – das Gehirn scheint keine Unterschiede zwischen realen und vorgestellten Zuständen zu machen – aber dass oftmals das unbewusste Selbstbildnis entscheidend gewesen war. Zum Beispiel, wenn ich die Affirmation wiederholte, dass ich reich sei, aber gleichzeitig der inneren Überzeugung war, dass der Wohlstand für mich nicht bestimmt sei, dann hatte diese Affirmation keinen Effekt. Nur wenn ich mir dieses einschränkenden Glaubenssatzes bewusst war und mir auf einer tieferen Ebene eine Umkehr gelang, dann war es möglich, dass die Energie in eine andere Richtung zu fließen begann. In diesem Falle bedeutete es bewusst zu werden, dass ich, wenn ich etwas erhalten wollte, zuerst lernen musste, freien Herzens zu geben.

Zur gleichen Zeit waren da die Fakten des Lebens, auf die ich keinen Einfluss hatte, so wie die Krankheit meiner Mutter oder Peters Tod. Ich konnte positiv eingestellt sein und Affirmationen machen bis zum Sankt-Nimmerleins-Tag, aber sein Tod begründete die Tatsache, dass ich lernen musste, damit zu leben. Was wirkte, war, zu lernen und zu verstehen, was mich davon abhielt, das zu akzeptieren, diese Dinge – insbesondere die Angst alleinzusein – zu bearbeiten und zu transformieren.

Über die Formbarkeit des Lebens sind bereits viele widersprüchliche Theorien geschrieben worden. Auf der einen Seite gibt es die Bücher zur Selbsthilfe wie *„The Secret"*, die davon ausgehen, dass wir uns informieren und demzufolge bewusste Entscheidungen treffen können. Auf der anderen Seite Studien der Hirnforschung, die sich mehr auf die biologischen Aspekte und die chemischen Prozesse im Gehirn statt auf die Psyche fokussieren, und darauf hinweisen, dass die meisten unserer Verhaltensweisen vom Unterbewusstsein kontrolliert werden.

Ich glaube jedoch, dass der Entwurf meines Lebens bestimmt wird durch das universelle Selbst und weit über die Affirmationen und jedwede chemischen Prozesse im Gehirn und was auch immer hinausgeht. Mein freier Wille – wenn er bewusst benutzt wird – bestimmt, wie ich mit meinen Lebensumständen umgehe.

***

Diesmal ging der Neubeginn nicht so sanft über die Bühne. War der Verzicht zuerst eine spirituelle Errungenschaft, so brachte er nun eine Art von Einsamkeit mit sich. Wo es mir in Nordamerika – von meinen Wurzeln getrennt – sehr leicht fiel, ich selbst zu sein, musste ich – zurück im guten, alten Europa – mich teilweise erst selbst wiederfinden und mich wieder neu begründen.

Einerseits vertraute ich völlig darauf, dass ich einen bezahlten Job finden würde und zog keinesfalls in Erwägung, dass mein Alter – ich war fünfzig – eine Rolle spielen würde. In diesem Vertrauen war es vergleichsweise einfach, gleich zwei Teilzeitjobs zu bekommen.

Andererseits bemerkte ich, dass ich mich während der Netzwerk-Gespräche nicht vollkommen ausliefern wollte. Das alte Gespenst des Nicht-Offenbaren-Wollens, um über meine Wahrheit zu sprechen, zeigte wieder seine hässliche Fratze. Im Laufe der Zeit hatte ich in allen Zipfeln meiner Seele nach dem Urgrund der Angst geschaut und versucht, diese zu bearbeiten. Die zugrundeliegende Geschichte war bekannt – „Wenn ich frei spreche, werde ich ausgestoßen" – und ihr wurde in meinem Bewusstsein Raum gegeben. Aber das „festgefrorene" Gefühl, welches diese Angst begleitete, kam wieder hoch, welches mir deutlich machte, das Reste davon immer noch in meinem Körper festsaßen.

Ich entschied mich, eine Kostprobe meiner eigenen Medizin zu nehmen, um diese mit einem schamanischen Werkzeug anzugehen. Dies bedeutete, dass ich mich voll auf dieses Gefühl in meinem Körper konzentrierte, welches durch die Angst ausgelöst wurde. Die Empfindungen, die ich dabei spürte, waren Schwere in der Brust und im Magen, und nach

Luft ringendes Atmen. Als ich total darin präsent war, begann ich zu beben und mich zu schütteln. Diesen Vorgang wiederholte ich regelmäßig und letztendlich hatte ich Erfolg damit: diese Angst, die immer noch in der Erinnerung meiner Zellen festgesteckt hatte, war wortwörtlich losgerüttelt worden. Und immer, wenn sie drohte zurückzukehren, genügte es, kurz zu vibrieren und wieder zu schütteln, um es loszulassen.

Es funktioniert bei Menschen und bei Tieren gleichermaßen; meist machen es die Tiere nach einem aufregenden oder bedrohlichen Ereignis. Später las ich einmal, dass Schamanen aller Zeiten und Kulturen diese Methode benutzten. Heutzutage wendet eine immer größer werdende Gruppe von Heilern und Sozialarbeitern dieses Schütteln an, als einen Weg, ein Trauma zu heilen.

***

Anfänglich fiel ich zurück in meine alten Überzeugungen, dass ich hart arbeiten musste, um irgendetwas zu erreichen. Als ich mich einmal selbst dabei erwischte, erinnerte ich mich daran, dass ich gelernt hatte, andere Wege meines Lebens zu beschreiten. Ich erkannte, dass das Leben nicht durch den Willen gelebt werden konnte, jedoch von der Bereitschaft, sich dem Rhythmus des Lebens hinzugeben.

Meine tägliche Praxis der Meditation und des Tanzes halfen einmal mehr zu innerem Frieden zu gelangen und mich dem Umfeld zu öffnen. Die liebende Verbundenheit, die ich mit der Natur fühlte, war mit mir zurück in die Niederlande gereist. Ich war fasziniert von der winzigen Spinne, die über den Tisch rannte und sofort die Richtung wechselte, sobald ich ihr meinen Finger in den Weg stellte; die Bestätigung, dass jedes Lebewesen, wie klein es auch immer sein mochte, sein eigenes Bewusstsein hat. Ich kann mich von Herzen freuen über den Gesang der Vögel in meinem Garten. Während ich Raubvögel in den Auen beobachte, schätze ich mein flaches Land wie niemals zuvor. Ich war wieder zu Hause.

20. Zeitgemäße Schamanin

Die Suche nach Authentizität hat mich zu einer Reise zwischen Himmel und Erde geführt. Es brachte Läuterung und Initiation, feingeschliffene Fähigkeiten und bereitgestellte Einsichten. Ich bin überzeugt davon, dass ich weder diese Reise unternommen noch gelernt hätte, den Weg einer Schamanin zu gehen, wenn ich Mann und Kind gehabt hätte.

Allmählich habe ich meine eigenen Interpretationen eines Schamanendaseins entwickelt, wobei ich meine geerbten schamanischen Gaben mit dem analytischen Potenzial meiner linken Gehirnhälfte und der intuitiven Kapazität meiner rechten Gehirnhälfte verbinde. Es ist eine nüchterne Annäherung, in welcher ich die uralten schamanischen Traditionen mit modernen Ansichten und Entwicklungen vereine. Für eine lange Zeit dachte ich, ich sei zu regulär für die Alternativen und zu alternativ für die Regulären bevor ich bemerkte, dass mein eigener Weg – der goldene Mittelweg – erlaubt ist so wie er ist. Ich nenne es „zeitgemäß", denn ich verbinde ganz klar Schamanismus mit dem Alltag des modernen Westens. Ich bin abgeneigt, den Boden unter den Füßen zu verlieren. Mein Motto lautet „erden und geerdet bleiben".

Im Laufe des Prozesses, eine Schamanin zu werden, wurden meine Sinne geschärft: ich sehe und fühle intensiver, ich habe ein Bedürfnis nach harmonischen Tönen und pflege die Stille. Manchmal ist es unbequem: mein Gespür ist so sensibel geworden, dass, wenn ich zum Beispiel Spinat wasche und er an meinen Fingern hängt, mir das äußerst unangenehm ist. In einem Anflug von Eitelkeit lackierte ich einmal meine Nägel und unverzüglich bekam ich ein Gefühl, als würde ich in meinem Sarg eingenagelt. Schnellstens musste ich den Lack wieder entfernen.

Ich lernte aus dem Herzen heraus zu arbeiten und trotzdem meine Person von der Schamanin zu trennen, sodass ich von den kraftvollen Energien, die freigesetzt werden, nicht weggepustet werde.

Ich arbeite wie ein Radio; einmal eingeschaltet und auf der richtigen Wellenlänge, empfange ich Energiewellen von hier und dort und übertrage sie. Madam Curie, einmal gefragt, ob sie an Radioaktivität glaube, antwortete:

„Nein, ich glaube nicht daran, ich arbeite tagtäglich damit."

***

In meiner Praxis arbeite ich mit Einzelpersonen, Gruppen und Organisationen, mache Coaching, Heilung und Energetische Reinigung von Seelen und Räumen, oftmals in Kombination, und hier und da mal ein maßgeschneidertes Ritual. Ich bin dankbar, dass ich in der Lage bin, diese schamanischen Gaben mit meinen Lebenslektionen, Studien und meinen Erfahrungen in der Geschäftswelt zu kombinieren. Sie erlauben mir ein „All-inclusive-Paket" von praktischen, psychologischen, spirituellen und physischen Methoden anzubieten.

Um in meinen „Schamanen-Modus" zu schalten, gehe ich in eine leichte Trance, indem ich eine meditative Stellung einnehme, fokussiere mich auf meinen leichter werdenden Atem und entspanne meine Muskeln, besonders diese in meinem Gesicht und meinem Unterleib. Während ich dies tue, spüre ich, wie mein Geist leer wird. Der Punkt zwischen meinen Augen, das dritte Auge, fühlt sich dann hellwach und prickelt auch manchmal und so auch mein Kronen-Chakra. Es ist so, als ob mein Selbst sich wortwörtlich von einem System zum anderen bewegt, von der Person zur Schamanin. Man sagt, dass auch meine Augen anders aussehen als sonst.

Ich habe dann keine Ahnung, was geschieht, aber zu dieser Zeit bin ich offen für alle möglichen Eindrücke und (Re-)Aktionen, die mir auf meinem Weg begegnen. Falls nötig, rufe ich meine Guides, manchmal sind sie einfach anwesend, aber immer ist die innere Stimme des Wissens als ultimativer Richter da. Ich konzentriere mich auf den Fragesteller und überlasse mich dem Geheimnis dieses Prozesses.

Die Energiewellen spürend, sowohl des Klienten als auch seines Anliegens, öffnet sich eine Art Rollladen und Informationen wallen auf. Wann immer diese Informationen auf tiefster Wahrheit beruhen, sind sie begleitet von physischen Empfindungen wie Gänsehaut, Herzklopfen, Kribbeln an den Stellen des Körpers, der der Heilung bedarf. Ich spüre dann die Heilungskraft in meine Hände strömen und bekomme Bilder und Ahnungen. Mein ganzes System ist präsent, sodass Hellsehen und Hellhören mit dem Verstand zugänglich sind. Ich setze Visualisierungen, Bewegung und Töne und manchmal auch Psychometrie (das Lesen von Objekten) ein.

Ich arbeite mit universellen schamanischen Charakteristika wie Seelenreisen, Kontakt mit den Krafttieren und der geistigen Welt, Erfahrungen von Tod und Wiedergeburt, veränderten Zuständen des Bewusstseins und gewissen Heilungspraktiken. Zusätzlich nutze ich psychologische Aspekte und gehe allgemein auf die eigenen Möglichkeiten und Unmöglichkeiten ein, die Akzeptanz unserer eigenen Menschlichkeit. (Es wundert mich jedes Mal, wie sehr wir dazu neigen, menschliche Emotionen und menschliches Verhalten zu verurteilen.) Praktische Anwendungen gehören ebenso zu meinem Repertoire, wie ein Konzept zu entwickeln bezüglich schwieriger Situationen, Karrierechancen oder geschäftlicher Lösungskonzepte.

Ich mache die Verbindung zwischen der Person und dem Universum deutlich und dem Bewusstsein der Einheit. Wenn wir erst einmal erkannt haben, dass alles in und um uns herum miteinander verbunden ist, dann können wir genährt werden durch die Menschen und Tiere, das Universum, die Natur und Kultur, die uns umgeben. Alle haben ihre eigenen Energien, Werte und Symbole und verdienen unseren Respekt.

Ich biete spirituelle Hilfestellung, um bewusst im Hier und Jetzt zu sein, und wie mit den feinstofflichen Energien im Alltag umzugehen ist. Das Überbrücken der sichtbaren und unsichtbaren Welten öffnet die Tür zu Liebe, Inspiration und Mitgefühl. Es setzt die Kraft unserer Intuition und unseres Vorhabens frei, Qualitäten, die wir für die Transformation benötigen.

Um eine Sitzung erfolgreich durchzuführen, sind viele Aspekte zu beachten, wie die Art des Problems, Aufnahmefähigkeit, Anpassung an die Energien, selbst das Bekommen der ungeteilten Aufmerksamkeit hat sich als wichtig erwiesen, und die positive Einstellung des Klienten tut ebenfalls ihre Wunder.

Coaching

Die meisten meiner Klienten kommen mit Fragen, um hartnäckige Blockaden oder Traumata zu lösen, wollen mehr Einsicht in komplizierte Situationen oder benötigen Hilfestellung, um ihrem Leben die nötige Wende zu geben. Viele von ihnen haben Burn-out-Symptome und sie verlangen nach mehr Tiefgang und Inspiration in ihrem Leben. Ihre Fragen und Lebenslagen sind allgemeingültig und erkennbar als Teil der menschlichen Struktur.

Traditionell gehen Schamanen in Trance und verkünden das Resultat seiner/ihrer Reise der Gemeinschaft, aber bei der Arbeit mit individuellen Klienten halte ich es anders. Meiner Erfahrung nach ist der ersehnte Zugang zur Transformation oder Vertiefung eher zu erreichen, wenn ich den Klienten selbst in Trance versetze; falls es auf diesem Wege nicht funktioniert, benutze ich direktive Methoden. Durch einen leicht veränderten Status des Bewusstseins bringe ich sie in Kontakt mit ihrer eigenen inneren Weisheit und ihren eigenen Guides. Dies stimuliert den kreativen Fluss. Ich reise mit und begleite den Prozess und spiegele sowohl ihren Widerstand als auch ihre Unabhängigkeit. Durch Kombination von magnetisieren, visualisieren und inspirieren wird der Raum frei für Loslassen und Einsicht. Oftmals führt es zur praktischen Lösung.

Eine Supervisorin hat ein Burn-out und ihr Geist ruht niemals. Ein gewerbsmäßiger Psychologe ermutigt sie, eine Liste anzufertigen mit all den Dingen, die sie stören. Jedoch eine Liste zu schreiben wirkt kontraproduktiv, denn es arbeitet in ihrem Kopf und sie kann nicht länger schlafen. In einer Serie von Beratungen gewinnen wir durch die Anwendung der Methoden, die ich erwähnte, und verschiedene (Yoga-)Übungen einen gesunden Kontakt zu Körper, Geist und Seele. Sie findet eine neue Wahrnehmung des Wohlempfindens und einen ganzheitlichen Weg, um wieder in der Familie und bei der Arbeit funktionieren zu können.

Schlüsselwörter für den Prozess des Coaching sind Verständnis, Akzeptanz, Integration und Transformation. Mir scheint, dass Menschen, die in der Lage sind abstrakt zu denken, eigenständig genug sind und bereit für die Transformation. Weil sie aus ihrer eigenen Quelle schöpfen, neigen sie nicht dazu, von mir als Person abhängig zu werden; eine Falle, die ich gerne vermeide.

Heilung

Heilung, im Sinne von Wiederherstellung der Verbindung zu unserer eigenen Lebenskraft und dem universellen Bewusstsein, läuft wie ein roter Faden durch meine Arbeit. Heilung von körperlichen Beschwerden, ein Spiegelbild der seelischen Themen, gehört ebenfalls zu meinen Anwendungen. Die Mehrheit dieser Beschwerden beruht auf Stress, frühkindlichen Erfahrungen und/oder vergangenen Leben. Ich konzentriere mich nicht so sehr auf das Symptom, sondern mehr auf den Ursprung dieses Zustandes, der sich oftmals auf der zellulären Ebene befindet, und arbeite daran, die Balance wieder herzustellen. Der Körper ist unser fein abgestimmtes Vehikel in dieser irdischen Existenz, das alles speichert, was wir im Leben erfahren. Oft haben wir einfach aufgehört ihm zuzuhören oder wir haben es nie gelernt. Die Wiederherstellung der Verbindung mit dem Körper ist ein erster Schritt, um eine Erleichterung zu erreichen. Ich biete Atem- und Yoga-Übungen und eine Konzentration auf die Bewegung an, einen gesunden Lebensstil und gute Ernährung: einfache, alltägliche Lösungen, die funktionieren.

Als eine Schamanin spüre ich oft die Symptome und Schmerzen meiner Klienten. Jedoch ist es äußerst wichtig, dass der Klient auch selbst in der Lage ist, diese Beschwerden in seinem Körper zu lokalisieren. Durch die Anwendung geführter Meditationen und häufig unterstützt durch die Krafttiere, gehen wir in den speziellen Teil des Körpers, der Beachtung und Aufmerksamkeit braucht. Mit gezielten Fragen enthüllt dann das Unterbewusstsein in den meisten Fällen seine Geheimnisse und liefert die Antworten, die eingesetzt werden können, um dieses Thema explizit ansprechen zu können. Ich magnetisiere und singe und nutze schamanische Praktiken für den Heilungsprozess. Die Vibrationen der Lieder scheinen tief in die zelluläre Ebene einzudringen und erweisen sich als sehr effektiv.

Monatelang liegt eine Frau in einem Krankenhaus und wartet auf eine Lungentransplantation. Wir sprechen einen Termin ab für eine Heilung über Telefon, denn bereits zum zweiten Mal sind ihre Lungenflügel kollabiert und sie hatte große Mühe zu atmen. Ich gehe in den schamanischen Modus, komplett auf sie konzentriert, und starte den Prozess, ihr Sauerstoff in die Lunge zu schicken. Nach einer Weile spürt sie die Wirkung. Sauerstoff strömt wieder in ihre kollabierte Lunge. Am Ende der Heilung fühlt sie sich erleichtert und entspannt.
Einige Wochen später bekomme ich eine dringende Anfrage hinzugehen und sie zu besuchen. Die Öffnung eines Abflusses will einfach nicht schließen, was sonst eigentlich automatisch geschieht. Ich gehe also ins Hospital und finde sie an eine Vielzahl von gurgelnden und blubbernden Gerätschaften angeschlossen. Sie ist aufgeschwemmt und ihr rechtes Auge ist aufgequollen wie ein Tennisball. Sie erzählt mir, dass die Ärzte dieses Loch einfach nicht finden können.

Ich muss mich langsam vorarbeiten durch alle möglichen Arten von Schläuchen, angeschlossen an medizinische Geräte. Persönlich empfand ich das als einschüchternd, als Schamanin aber weiß ich, was zu tun ist.
Zuerst reinige ich das Patientenzimmer mit Salbei, dann fange ich an mit der energetischen Heilung, beginnend an ihren Füßen, bahne ich mir meinen Weg durch ihren Körper bis zu ihrer Lunge, wo ich nach dem Leck suche. Ich finde es an der Vorderseite und nach einigen Umkreisungen lege ich meine Hand auf diesen Punkt. Sie spürt, dass etwas zieht, als ob sich dieses Leck zuziehen würde. Ich halte meine Hand dort. Als Nächstes fühle ich drei kleine Löcher wie Nadelstiche. Ich magnetisiere diese Stellen ebenfalls; sie werden kleiner, und das siedende Geräusch der Geräte scheint sich zu vermindern.
Ich singe; die Vibrationen tun ihr heilendes Werk. Wir machen auch eine geführte Meditation; das Krafttier, das sich zeigt, erinnert sie daran, dass Überleben und Gesundung möglich ist. Am nächsten Tag ruft sie mich an und erzählt mir, dass die Stille sie aufgeweckt hätte; die medizinischen Gerätschaften lärmten nicht länger. Sie sagte: „Die Löcher sind zu, dank deiner Hände."
Ich freue mich für sie und nehme an, dass ihre Medikation ebenfalls geholfen haben muss. Zu meiner Überraschung sagt sie, dass sie keinerlei Medikamente dafür bekommen hatte. Oh! Das ließ mich demütig werden.

Sie musste sechs Monate auf eine neue Lunge warten. Mit Helikopter ist sie in ein anderes Hospital geflogen worden; die Operation dauerte fünf Stunden. Hinterher helfe ich ihr, diesen Fremdkörper physisch und mental zu akzeptieren. Die Rehabilitation verläuft gut. „Du überraschst uns", sagt das Krankenhauspersonal.
Während ich dieses schreibe, ist die Lunge akzeptiert worden und sie beginnt sich an ein Leben als eine gesunde Person zu gewöhnen.

Eines der Wunder des menschlichen Körpers ist die Fähigkeit der Selbstheilung; wir alle sind vertraut mit den Narben, die eine Wunde geschlossen haben. Untersuchungen haben gezeigt, dass der Teil des Gehirns, der für die Emotionen zuständig ist, ebenfalls einen Mechanismus zur Selbstheilung besitzt, um Balance und Wohlbefinden wieder herzustellen (aus: „Die Neue Medizin der Emotionen; Stress, Angst, Depression: Gesund werden ohne Medikamente", von David Servan-Schreiber). Im Wesentlichen beweist meine nonverbale Vorgehensweise erfolgreich den Effekt, dass diese Mechanismen aktiviert werden können. Durch die Verbindung der inneren Heilungskraft des Klienten mit meinen eigenen Gaben der Heilung sind wir in der Lage, Erfolge zu erzielen.

Das folgende Beispiel zeigt das Auflösen einer physischen und emotionalen Starre, verursacht durch ein Trauma.

In einer geführten Meditation begegnet eine Klientin einem Hindernis; sie hat das Gefühl, als könne sie weder laufen noch tanzen. Weitere Nachforschungen ergeben, dass das Hindernis im Zusammenhang steht mit einem Autounfall, den sie hatte als sie dreizehn Jahre alt war, und bei welchem ihr linkes Bein nahezu zerschmettert wurde. Sie unterzog sich zahlreicher Operationen; Amputation war angedacht. Besonders für einen Teenager war dies ein extrem traumatisches Erlebnis, welches auf zellulärer Ebene in ihrem Körper verhaftet blieb. In ihrem Erwachsenenleben verhinderte dieses, einen notwendigen Schritt nach vorne zu tun.
Ihr wird kalt, wenn ich die Narbe an ihrem Bein berühre, und findet es gruselig. Ich halte ihre Hand und leite sie an, ihr Krafttier zur Seite zu nehmen, während wir Schicht für Schicht immer tiefer in die Narbe hineingehen, und ich magnetisiere die Restmengen Schicht für Schicht, bis sie endgültig verschwunden sind. Sie spürt die Wärme in ihrem Zwerchfell, die sich über ihren ganzen Körper aus-

breitet und ein Gefühl von Frieden mit sich bringt. Dann überrascht sie sich selbst und ruft aus:
„Ich habe zwei gesunde Beine!"

Nach der Heilung auf der physischen Ebene untersuchen wir das nächste Mal diese Möglichkeit der Heilung auf der emotionalen und spirituellen Ebene. Das Krafttier hilft ihr, sich sicher zu fühlen und gibt ihr die Kraft, den Unfall im Geiste noch einmal zu erleben. Sie geht mit ihm in den Wald, wo es stattgefunden hat, sieht den Baum und den Wagen, der sie angefahren hat, und eine Menge Menschen standen drum herum. Sie läuft zwischen ihnen hindurch; die Leute sind still und gehen zur Seite. Sie sieht sich selbst auf der Straße liegen mit ihrem zerschmetterten Bein. Dann hört sie eine klare Durchsage:
„Es sind nur Knochen." Diese Worte treffen ins Schwarze und sie kann die Richtigkeit erfahren. Eine Last fällt von ihren Schultern.
Der Baum, eine Pinie, wird das Symbol ihrer Selbst. Sie spürt die Wurzeln in der Erde, die Sonne in der Krone und die Heilungskraft des Baumes ihren ganzen Körper einnehmen.

Regelmäßig gebe ich auch Fernheilung per Telefon oder Skype; innerhalb Europas und besonders mit Klienten an der Westküste Nordamerikas. Im Wesentlichen ist die Prozedur dieselbe als würden wir in einem Raum sitzen. Abgesehen vom verbalen Part bitte ich die Klienten, sich vorzustellen, meine Hände lägen auf diesem speziellen Punkt ihres Körpers und sie spüren die Energie. Dann können sie unverzüglich die Wärme der Heilungskraft wahrnehmen, wie die fMRI-Untersuchung bestätigt („functional Magnetic Resonance Imaging", welche die Gehirnaktivität misst). Es scheint zu wirken durch meine fokussierte Konzentration auf den Klienten und seine Fähigkeit, zu empfangen.

Ich bin ein starker Befürworter von Integration und Kooperation und deshalb weise ich die Menschen, wo nötig, auch an, den regulären medizinischen Anweisungen zu folgen.

Energetische Reinigung von Geistern und Räumen

Die verbindende Tür zwischen dem Sichtbaren und dem Unsichtbaren ist gelegentlich weit geöffnet. Es kann uns ein heiliges Gefühl der Einheit bringen. Es ist ebenfalls der Raum, in welchem wir den warmen Atem unserer Ahnen in unserem Nacken oder einen Geist in unserem alten Haus spüren können. Sich mit den Geistern von „der anderen Seite" verbinden, ist das traditionelle Handwerk des Schamanen.

Immer wenn ich diese Arbeit ausführe, lasse ich meine normale, nüchterne Behandlungsweise hinter mir und benutze alle Glocken und Pfeifen meines Standes, um im Theater der Zwischenwelt aufzutreten. In meinem Korb sind Federn, Salbeibündel, Steine, Tabak, Kerzen und mein beschützender Umhang. Und natürlich nehme ich meine Trommel mit.

Nach einem Gang durch die Räumlichkeiten und dem Ergründen von Details gehe ich in meinen Schamanen-Modus und stelle einen Kontakt zu den Wesenheiten her. Ich erlebe ihre Präsenz in meinen Sinnen, bekomme Gänsehaut, spüre Energiewellen oder sehe eine Lichtkugel. Ich stelle mich auf ihre Wellenlänge ein und bekomme einen Hinweis darauf, was für sie ein Problem darstellt. Meistens ist es der Fall, dass ich diesem Geist helfe, diese besondere Situation loszulassen, ich durchtrenne die Fäden zur Erde und schicke ihn liebevoll auf die andere Seite. Im folgenden Falle musste die Wesenheit gemaßregelt werden.

In einem Dorf erfährt eine bestimmte Familie mehr Drama als gewöhnlich: Tod, Krankheit und unglückliche Umstände. Eine Freundin der Familie, Hannah, glaubt, dass dort mehr ist, als das bloße Auge erkennen kann, und nach einer Beratung mit der Familie riefen sie mich um Hilfe.

An einem Samstag im Februar fahre ich in das Dorf und finde die Familie in einem alten Haus auf dem Kirchplatz. Die Matriarchin der Familie, die ich Martha nennen werde, ist eine bemerkenswerte, intelligente Frau. Ihre Tochter und Hannah waren auch anwesend.
Nach der Einleitung des Bekanntmachens und nachdem wir eine Tasse Tee getrunken hatten, ging ich ans Werk. Ich erde meine Füße auf dem Boden, nehme einen tiefen Atemzug und schließe meine Augen. Dies bringt mich in meinen Schamanen-Modus, wissend, dass ich durch das Haus gehen muss.
Während ich durch die Räume im Erdgeschoss gehe, spüre ich keinerlei Unstimmigkeiten in der Energie, aber dies ändert sich, sobald ich im Obergeschoss angekommen bin. Als ich aus dem Fenster des vorderen Schlafzimmers schaue, ist die Kirche ominös präsent, sodass ich es beinahe greifen kann. Ich entdecke schwere, verklebte Drähte zwischen dem Haus und der Kirche und weiß, das Familiendrama hängt damit zusammen und klammert sich an Martha.
Ich gehe hinunter und berichte der wartenden Familie, was ich festgestellt habe. Es stellt sich heraus, dass Martha lange Jahre Küsterin der Kirche gewesen war und ihre Großmutter vor ihr, und dass sie ein ständiger Besucher der Kirche ist. Ich entscheide, dass wir dorthin gehen.

Die Kirche ist ungefähr achthundert Jahre alt; umgeben von einem Friedhof. Wir betreten sie mit einem alten, langen, eisernen Schlüssel. Eine ganze Menge der Buntglasfenster fehlen und es ist muffig, kalt und zugig.
Ich laufe umher, oder vielmehr die Schamanin läuft umher und spürt. Eindrücke und Vibrationen kommen rein. Ich fühle die Gegenwart von Marthas Großmutter genauso wie die eines zornigen Geistes. An der Front sehe ich das Haus und wie die unsichtbaren, verklebten Drähte es mit der Kirche verbinden, instand gehalten von

diesem böswilligen Geist, dessen Gegenwart den Raum zu füllen beginnt. Ich bitte Martha und ihre Tochter ins Haus zurückzugehen.
Ich nehme die Trommel aus ihrer Tasche, rufe meine Guides um Unterstützung an und beginne zu laufen und zu trommeln und zu singen. Wenn ich mich mit diesem Geist verbinde, dann nehme ich eine weibliche Energie war und es wird klar, dass nur eine unbarmherzige Methode wirkt, um die Drähte geradezubiegen. Ein blubberndes Geräusch kommt in mir hoch und dreimal rufe ich laut aus:
„ICH BESCHWÖRE DICH! LASSE DIESE FAMILIE IN RUHE!" Diese Worte hallten durch die Kirche wider. Ich bitte Hannah, diese Worte in dem lokalen Dialekt zu wiederholen, was sie tut, laut. Nach einer Weile ist da ein Gefühl von Stille, welche den Geist einnimmt. Die Botschaft ist angekommen. Die Energie in der Kirche klingt ab.
Da liegt ein großer Stein in der Mitte der Kirche. Es fühlt sich an als ob etwas Bedeutendes darunter läge. Hannah weiß nicht, was es sein könnte. In diesem Moment kommt der Glockenspieler rein, um die stündliche Glocke zu läuten. Er kennt die Geschichte dieser Kirche und erzählt uns, dass sich unter diesem Stein ein Grabgewölbe befindet. Das Timing ist perfekt, sowohl für die Information als auch für die Vibrationen. Als er die Glocke läutet, transponieren die Klänge in die Heilung der Energien, die freigesetzt werden. Hannah und ich gehen um die Kirche herum, um die Heilung zu verankern. Sie sagt: „Wenn ich das gefilmt hätte, würdest du weltberühmt werden."
Dann gehen wir zum Haus zurück.

Als wir am Tisch im Wohnzimmer Platz nehmen, entfaltet sich, aufgefordert durch Fragen und meine Verbindung zu diesem Geist, eine verblüffende Geschichte:
Für Jahrhunderte war das Gewölbe verschlossen, ausgenommen die Zeit vor fünfzig Jahren, als die Kirche reno-

viert wurde. Marthas Ehemann war an diesem Projekt beteiligt. Eines Tages kam er zu ihr und sagte:
„Das Grabgewölbe ist offen; falls du sie sehen möchtest, solltest du jetzt kommen."
Sie ging hin und stieg in das Grab hinab; niemand anders tat es. Überall lagen Urnen und Knochen herum. Es waren die Überreste einer Adelsfamilie, die in einem Schloss in der Nähe gewohnt hatte, was abgebrannt war.
Marthas Großmutter war in dem Haus geboren worden, welches auf diesem verbrannten Grund erbaut worden war. Sie hatte dieselbe Funktion in der Kirche und Gemeinde wie Martha sie nun hatte. Sie unterhielt eine gute Beziehung zu ihrem Pastor, der Spiritualismus praktizierte. Es wird mir klar, dass er einmal in Gegenwart der Großmutter den Geist eines weiblichen Mitglieds der Familie angerufen hatte; nennen wir sie Komtess X. Dieser Geist hatte einen Groll gegen die Großmutter; ich fange auf, dass es um Ehebruch und ein illegales Kind geht. Martha sieht genauso aus wie ihre Großmutter. Martha erzählt uns außerdem, dass sie während zahlreicher Führungen, die sie für die Besucher in der Kirche gibt, immer erwähnt, dass die Krypta verschlossen ist, aber sie die Einzige ist, die jemals drinnen gewesen sei. Komtess X ist eifersüchtig auf Großmutter und wütend, dass Martha die Grabstätte gestört hat und folglich sprach sie einen Fluch aus.
Sie wollte Martha durch ihre männlichen Familienmitglieder treffen; die grauenvolle Weise des Todes von Marthas Ehemann und Söhnen, könnte diesen Bann belegen. Alle sind wir wie vor den Kopf gestoßen. Martha sagt:
„Es ist alles wahr; außergewöhnlich, aber wahr."
Die Katze betritt den Raum und kommt zu mir. Ich streichle sie; die Energie in meinen Händen lässt sie ihre Haare aufstellen und sie zittert einige Male zur Verwunderung der Anderen. Ich erkläre:
„Sie leitet negative Energie aus, dies ist eine Heilung."

Ich bin einmal noch zurückgekommen, um das Haus energetisch zu reinigen und magnetisiere die ganze Familie. Und um nach Komtess X zu sehen. Sie gibt nun Ruhe, auch dank Hannah, die sich erbarmt und ihr sanft zugesprochen hatte. Der Schaden war angerichtet, aber die Menschen, die betroffen waren, sind erfreut über die Klarheit, die geschaffen wurde, und der Bann scheint gebrochen. Hoffentlich wird der überlebende Teil der Familie ein gutes und glückliches Leben führen.

Weniger dramatisch ist die energetische Reinigung von Räumen, wo die Auswirkungen früherer Ereignisse immer noch verhaftet sind oder die Atmosphäre festzukleben scheint. Dies kann im Privaten oder im Arbeitsumfeld der Fall sein, nach einer Scheidung, einem Wohnungswechsel oder einer Fusion. Ich stelle einen Kontakt mit der Situation oder dem Ereignis her und reinige den Ort durch Räucherung, Gesänge, Neutralisierung des Umfeldes und Schaffung positiver Energie.

Rituale

Ein Ritual ist ein kraftvoller, symbolischer Akt mit einem spirituellen Fokus. Es kann angewendet werden zu Marksteinen des menschlichen Lebens wie zum Beispiel Geburt, Taufe, Einweihung in das Erwachsensein, Hochzeit, Eintritt in den Ruhestand und Tod. Es kann ein Ritual sein, um Sterbenden beim Übergang ins Jenseits zu helfen, oder beim Wechsel der Jahreszeiten. Es gibt Rituale für die verschiedensten Situationen wie zum Beispiel Versöhnung oder Emotionen wie Vergebung.

Die Menschheit hat allezeit die Heiligkeit der Rituale verstanden, wie man von vielen alten Felszeichnungen und heiligen Schriften her weiß. In der westlichen Welt hat unser industriell geprägter Weg uns von den zeremoniellen Werten entfernt, die von unseren Vorfahren noch verehrt wurden. Wie auch immer, eine zunehmende Zahl von Menschen ist im Begriff, die Bedeutung zu schätzen, die ein Ritual haben kann.

Gelegentlich führe ich auf Maß gearbeitete Rituale durch. Die Vorbereitung ist so wichtig wie die Ausführung. Nachdem wir den ultimativen Zweck des Rituals festgestellt haben, diskutieren wir darüber, welche Orte und Elemente am hilfreichsten sein könnten, um die größtmögliche Wirkung zu erzielen. Ich bitte den Klienten, sich für das Ritual körperlich, geistig und seelisch vorzubereiten, oftmals auch, um zu malen oder eine Geschichte zu schreiben. Es kann mit großem Aufwand und Zeremonien geschehen oder es kann auch sehr intim sein. Während des Rituals selbst gehe ich in meinen schamanischen Modus und spreche den Klienten und das Thema an, benutze die Fähigkeiten, die benötigt werden, begleitet vom Singen und Trommeln. Ich kann dieselben Elemente nutzen wie vorher unter „Energetische Reinigung" beschrieben.

Ein Klient arbeitet an seiner Wut und seiner Ohnmacht in einer bestimmten Situation. Nachdem wir zum Kernpunkt gekommen sind, fordere ich ihn auf, diese Gefühle niederzuschreiben und lasse sie durch einen Gegenstand symbolisieren. Für das eigentliche Ritual gehen wir an einen ruhigen Ort in der Natur, wo er frei seinen Gefühlen Ausdruck verleihen kann, seine Objekte beerdigen und seine Geschichte verbrennen. Ich begleite diesen Prozess, indem ich meine heilende Spirits und Energien anrufe. Dies ist kathartisch.

Beratende / Unternehmensspiritualität

Geschäftliche Spiritualität und soziale Verantwortung eines Unternehmens sind neu entstehende Interessenfelder. Hier sind die Zitate einiger Pioniere:

„Geschäftliche Spiritualität ist weder eine logische Unvereinbarkeit noch Esoterik. Sie ist ein Weg, um mehr Qualität in das geschäftliche Handeln zu bringen, ein Modell,

in welchem Realismus und Idealismus in ein geschäftsmäßiges Wechselspiel eintreten. Erfolgreiche Unternehmen haben beides, sowohl Unternehmenskompetenz als auch Unternehmens-spiritualität."
Paul de Blot, Professor an der Nyenrode Businessschool, Niederlande

„Unternehmen müssen den ursprünglichen CSR-Gedanken („Corporate Social Responsibility"), also den der sozialen Unternehmensverantwortung, ergänzen, indem wir unter anderem den Umweltschutz zwingend in unsere ökonomischen Entscheidungen miteinbeziehen. (...) Das setzt aber voraus, dass CSR nicht länger eine Initiative auf Abteilungsebene, sondern ein wesentlicher Bestandteil eines Unternehmens ist. (...) So benötigen wir eine ganzheitliche Sicht der Dinge, auch wenn diese oft mehr Fragen aufwirft, als sie Antworten gibt. Hier kommen Spiritualität, Religion und Metaphysik ins Spiel. Alle Teile dieses Puzzles reflektieren einander und verknüpfen sich miteinander wie in einem Hologramm."
Jochen Zeitz, ehemaliger Vorsitzender des Verwaltungsrats der Puma SE und Direktor und Vorstandsvorsitzender des Ausschusses für nachhaltige Entwicklung von Kering, Deutschland

„In den Firmenritualen zeigt sich, was man dort vom Menschen und seiner Würde hält. In Ritualen entsteht auch mitten in der Arbeitswelt ein heiliger Raum und eine heilige Zeit, die eine heilende Atmosphäre stiften. Dann bricht etwas in ein Unternehmen ein, was größer ist als es selbst."
Anselm Grün, Benediktinerpater, Autor spiritueller Bücher, Deutschland

Wir sind alle spirituelle Wesen. Das Freisetzen der gesamten Kapazität der Individualseele, ihr Körper und Geist

– gibt einem Unternehmen eine ungeheure Kraft. Dies hat nichts mit ihrem Glauben zu tun. Menschen vieler Religionen oder auch Konfessionslose können in einer gemeinsamen Sache aufeinandertreffen, um für andere durch ihre Arbeit von Nutzen zu sein."
Bill George, ehemaliger CEO von Medtronic, Professor an der Harvard Business School, USA

Christliche Mystiker und Heilige haben über den Via Media geschrieben – den Goldenen Mittelweg. Ich habe den Goldenen Mittelweg für Tom´s of Maine gefunden, wo wir in der Planung unserer Unternehmensstrategie unseren Kopf und unser Herz einsetzen. Wir geben dem Geist in der Welt des Kommerzes Raum.
Tom Chappel, Mitbegründer von Tom´s of Maine, USA

Derzeit arbeite ich für Organisationen und Unternehmen, die sich beraten lassen, wie sie ihr gesamtes menschliches Potenzial ausschöpfen können, und die ihr Wesen und ihren Platz in der Gesellschaft neu definieren. Das Vermischen von Unternehmen und Spiritualität kann möglicherweise zu Anspannungen führen. Als Schamanin bin ich dafür zuständig, die Extreme auszubalancieren und durch die Strukturen zu schauen; meine analytischen Fähigkeiten, gepaart mit meinen unternehmerischen Erfahrungen, haben sich bewährt, um aus mir eine erfolgreiche Beraterin zu machen.

Einmal mehr nutze ich die Analogie meiner Selbst als Radio. Wenn meine Dienste gefragt werden, dann wechsele ich vom Kanal meines normalen Lebens in den spirituellen Kanal, um die Energiewellen und Vibrationen meines Klienten erfassen zu können. Dieser Energiebereich umfasst die betroffenen Personen, die Organisation, die gegenwärtige Situation, das Gebäude, seinen Inhalt und die weitere Umgebung. Dann mache ich eine Übersetzung zum Hier und Jetzt. Die Erkenntnis oder das Wissen kommen in dem Moment, nachdem ich mich eingeschaltet habe.

Ich schaue auf den energetischen In- und Output des Unternehmens, erspüre die zugrunde liegenden Prozesse, benenne sie und erarbeite mit dem Klienten zusammen eine praktische Lösung für die Probleme. Wie die weisen Worte von Albert Einstein andeuten:
„Probleme kann man niemals mit derselben Denkweise lösen, durch die sie entstanden sind."
Um genau zu sein: Wenn ich durch das Arbeitsumfeld gehe, dann spüre ich, wo die Energie nicht mehr fließt, sei es an einem bestimmten Standort im Gebäude oder bezüglich eines bestimmten Mitarbeiters. Neben einem Arbeitsplatz stehend, fühle ich die Energie der Person, ihre Verbindung zu sich selbst, zum Arbeitgeber und den Kollegen. Ich bekomme Informationen darüber, wie die Situation wieder in Fluss kommt und, falls anwendbar, wie man ihre Talente besser zum Wohle aller voll einsetzen kann.

Ebenfalls lese ich die Energie und Vibration eines Produktes und kann seine Herkunft und seine Wirkung auf den Markt wahrnehmen.

Hier ist ein Beispiel:
Junge Unternehmer gründen ein Geschäft, welches sofort floriert. Sie expandieren und ziehen in ein Gebäude an einen strategisch interessanten Platz in einer großen Stadt. Sobald sie jedoch ihre neuen Räumlichkeiten beziehen, stoppt der beträchtliche Schwall an Nachfragen für Angebote und Bestellungen größtenteils.
Ich treffe einen von ihnen bei einem Netzwerk-Meeting, wo wir einen kurzfristigen Termin in ihrem Büro vereinbaren. In dem Moment, wo ich eintreffe, nehme ich eine sehr unangenehme, unnachgiebige Energie wahr, die absolut nicht zu diesen Menschen gehört. Ich gebe meinen Kommentar hierzu ab und sie sind neugierig, um mehr zu erfahren. Ich gehe umher und spüre, dass die Energie des früheren Bewohners immer noch voll präsent ist; da ist ein Gefühl von Verunreinigung, von irgendetwas Kriminellem.

> Es stellt sich heraus, dass die Vorgänger große Veränderungen an dem Gebäude beauftragt hatten, speziell bei der Klimasteuerung und den Sicherheitsvorkehrungen. Im letzten Moment zogen sie aus und flüchteten, ohne die Lieferanten zu bezahlen.
> Ihre Nachfolger haben regelmäßig erboste Lieferanten an der Tür, die sie ebenfalls an der Nutzung der modernisierten Installationen hindern. Sie sind in einer peinlichen Zwangslage und bitten mich, zurückzukommen, um den Raum zu reinigen. Ich gebe ihnen „Hausaufgaben" auf, indem ich sage, dass sie eine Liste von all den Lieferanten machen sollen, die involviert sind, und versuchen sollen, herauszufinden, wo die Übeltäter stecken. Ich tue dies aus dem Grundsatz heraus, dass, bevor man etwas loslässt, man wissen sollte, woran man sich festhält.
> Wir beginnen die Reinigungssitzung mit einem Ritual, in welchem die Lieferanten mit Namen genannt werden; das Problem ist identifiziert und dann in das Universum entlassen. Die Vorgänger konnten nicht ermittelt werden, durchlaufen aber das gleiche Verfahren wie die Lieferanten. Dann gehe ich durch die Geschäftsräume und reinige sie energetisch. Ich verweile an einigen Schreibtischen und gebe dem (abwesenden) Arbeitnehmer ein kurzes Reading, ihre/seine Position in der Firma und was möglicherweise verbessert werden kann.
> Eine Woche später bekam ich einen Anruf von einem der Unternehmer, der mich wissen lassen wollte, dass die Nachfragen und Aufträge wieder im Fluss sind!

Ein bisschen zu meiner eigenen Überraschung, hat sich der Einsatz einer zeitgemäßen Schamanin in Unternehmen, Vorstandsetagen und am Arbeitsplatz als möglich und erfolgreich erwiesen.

***

Heute trage ich den Titel „Schamanin" wie einen Mantel, der mir gut passt, mit einer Selbstverständlichkeit, die die Prozesse in Fluss bringt. Die alte Angst, auf dem Scheiterhaufen zu enden, wenn ich mich selbst als Schamane behaupte, ist überstanden.

Nebenbei ändern sich die Zeiten. Die wissenschaftliche Forschung unterstützt die Einsicht durch den Beweis, dass der Schamanismus heutzutage als eines der ältesten, höchst essenziellen Gesetze unserer globalen Menschheitsgeschichte anerkannt ist. Ungeachtet, oder vielleicht gerade weil der Schwerpunkt in unserer Gesellschaft auf dem Rationalen und Wissenschaftlichen liegt, wächst die Faszination für den Schamanismus und seine Anwendungen in unserer modernen Welt.

Die Stimme des inneren Wissens sagte einst, ich solle nicht den Schamanismus studieren und ich gehorchte. Die Entfaltung meines eigenen Weges, um eine Schamanin zu verkörpern, geschah spontan. Nun, da der Prozess mehr oder weniger vollendet ist, war es Zeit für Informationen von außerhalb und ich begann einige Studien und Reportagen zu lesen.

Ich bin überrascht und manchmal auch berührt, einen großen Teil meines individuellen Prozesses in den wissenschaftlichen Forschungen über Schamanen von Afrika, Amerika und Sibirien wiederzuerkennen. Der Kampf mit der Bestimmung, das Gefühl der Isolation, das Wissen, nicht umkehren zu können; es sind Erfahrungen, die, wie es scheint, allgemeingültig sind. So wie die Tatsache, dass dem Schamanen die Guides erscheinen, Gesänge aus dem Innersten entstehen und die Natur dafür sorgt, dass Kraftwerkzeuge auftauchen. Demzufolge ist meine Erfahrung in einen Kontext gesetzt, neben meinem Großvater stehe ich in umfassender schamanischer Tradition. Es fühlt sich gut an; das Puzzle ist vollständig.

21. Wer ich bin und wie es weitergeht

Die Suche ist vorbei. Die Antworten sind gefunden. In den zeitlosen Mythen über Reisen geht der Held oder die Heldin oftmals in den Kampf mit Drachen oder dämonischen Legionen. Meine Reise begann unten am Trauerprozess und ging über Schamanen und Gurus zu einem Brüllenden Berg, einer Seelenschwester, authentischen schamanischen Interpretationen und einer Verbeugung vor dem Höchsten. Eine Reise zwischen Himmel und Erde, von einer Sekretärin zur Schamanin und darüber hinaus! Die „Realität" ist immer seltsamer als die Phantasie; niemals hätte ich mir das ausgemalt. Obwohl meine Abenteuer außerhalb des Gewöhnlichen lagen, waren die Ergebnisse archetypisch für viele solcher Suchen in dem Sinne, dass ein menschliches Wesen nach Befreiung sucht und Einheit findet. Die Reise selbst stellte sich heraus als der Sinn des Lebens.

Von Zeit zu Zeit zweifelte ich, ob der Weg, den ich genommen hatte, der richtige war, aber schnell wurde klar, dass alles, was mir in den Weg gestellt wurde, einen Grund hatte. Was mir in Momenten wie diesen half, war, zu meditieren, bewusst zu atmen, eine bestimmte Passage in einem inspirierenden Buch zu lesen oder einfach zum Telefon zu greifen und ein ermutigendes Gespräch zu führen. Dann spürte ich sogleich, wie meine Atmung flacher wurde und die Stille und der Raum kehrten in meinen Körper zurück.

Zurückblickend sehe ich, dass an vielen Kurven der Zickzackstraße meiner Suche ein Astrologe, ein Medium oder Lehrer auftauchte, um den nächsten Schritt anzuweisen. Das Medium erkannte Peter hinter mir als einen Schutzengel. Der

Astrologe sprach von der großen Rolle Plutos in meinem Horoskop und den starken Erdzeichen, die mich auf dem Boden hielten. Die spirituellen Lehrer gaben mir Einsichten und Verständnis. Die eingeborenen Menschen zeigten mir die zeitlose Weisheit der uralten Rituale und den Rhythmus des Kosmos. Manchmal ignorierte ich ihre Hinweise, aber meistens akzeptierte ich sie dankbar als ein Geschenk des Universums.

Jetzt weiß ich, warum Synchronizität, das Phänomen, welches die richtige Person oder Situation im rechten Moment aufzeigte, sich so oft in meinem Leben ereignete. Es beruhte alleine auf der Tatsache, dass ich lernte, auf meine innere Führung zu vertrauen und dementsprechend zu handeln.

Ich erfahre einen Unterschied zwischen Impulsen, die ich aus meiner Intuition auslese, bestimmt für meine Persönlichkeit, und den Signalen, die ich als Schamanin erhalte: ich spüre das Erste in meinem Bauch und das Letztere in meinem dritten Auge und meinem Herzen.

***

Was habe ich gelernt? Dass die Reinkarnation für mich ein natürlicher Kreislauf ist und *meine* Seele ebenfalls verschiedene Inkarnationen kennt. Den Gedanken der Reinkarnation zu akzeptieren bedeutet, dass alles, was ich denke, sage oder tue, früher oder später Auswirkungen hat, nicht nur für mich persönlich, sondern auch kollektiv; dass es eine Harmonisierung auf allen Ebenen des Bewusstseins gibt. Es gibt mir eine breitere Perspektive für mein Leben und erweckt die Ehrfurcht vor der unendlichen Verflechtung allen Seins; eine Antwort auf meine Frage nach dem Sinn des Lebens!

Es ist gut zu entdecken, dass meine Gruppe von vertrauten Menschen untrennbar miteinander verbunden ist: Ellen, Peter und Hubert. Über viele Inkarnationen hinweg, kreisten wir umeinander in einer Vielzahl von Rollen und Beziehungen.

Ich denke, dass ziemlich viele Menschen das Argument der Reinkarnation benutzen, um gewissen Tatsachen ihres gegenwärtigen Lebens zu entfliehen. Ein Fehler, denn wenn ich etwas gelernt habe von der Entfaltung der Reinkarnation in meinem Leben, dann geht es genau darum, im Hier und Jetzt anwesend zu sein, um mit Körper, Geist und Seele diese Präsenz dankbar anzunehmen.

Für mich bedeutet die Reinkarnation hauptsächlich die Realisation der Einheit. Sie erklärt bestimmte Vorurteile und Anreize. Sie gibt mir das heimische Gefühl mit bestimmten Menschen und Kulturen und an bestimmten Orten in der Welt. Kurz, sie ist eine Bereicherung meiner Existenz.

Alles ist verbunden, sowohl im Körperlichen als auch im Spirituellen und sowohl auch auf der energetischen Ebene. Die Mystiker aller Zeiten und Traditionen wissen das; mittlerweile kann die Wissenschaft – obwohl gelegentlich kontrovers – dies beweisen.

Im Bereich des Körperlichen wissen wir jetzt, dass alles im Universum aus dem gleichen Material gebaut wird. Zum Beispiel zeigen sowohl Einstein als auch die Quantenphysik, dass alles miteinander verbunden ist und nach einem holistischen System arbeitet. Ich liebe den Gedanken daran, dass ein Mensch und ein Stern aus demselben Staub geschaffen sind. Auch hat man festgestellt, dass jeder Mensch zu einem anderen über nicht mehr als fünf weitere verbunden ist, (auch „das Kleine-Welt-Phänomen" genannt), eine Theorie, die durch den Film *„Das Leben – ein Sechserpack"* und ein Facebook-Experiment berühmt geworden ist.

Energetisch wird so verstanden, dass Bewusstsein feinstofflich ist, es kann in der körperlichen Welt nicht gemessen werden. Forschungen in Schamanismus und Nahtod-Erfahrungen zeigen, dass Bewusstsein unabhängig von unserem Geist erfahren werden kann und überall präsent ist.

Es gab Forschungsarbeiten bezüglich der Fernheilung. Darauf bezieht sich mein besonderes Interesse, denn ich arbeite häufig online mit meinen Klienten. Es ist gut zu wissen, dass die Wirkung durch die Messung von Gehirnaktivitäten mit funktioneller Magnet-Resonanztomografie *(f*MRI*)* nachgewiesen wurde. Es wurde bewiesen, dass die Veränderungen in dem Moment gemessen werden können, wo die Aufmerksamkeit bewusst auf die Person fokussiert ist, die sich einer Heilung unterzieht.

Einerseits braucht alte Weisheit für mich nicht ratifiziert werden, andererseits mag der analytische Teil von mir, dass mein Weltbild nun größtenteils wissenschaftlich bestätigt werden kann.

***

Ich lernte über Veränderungen, dass es zuerst das Chaos geben muss, bevor eine grundlegende Transformation möglich ist. Das scheint ein universelles Muster zu sein, welches bei Menschen, Situationen und Organisationen anwendbar ist. In meinem Leben musste zuerst alles zusammenbrechen; sowohl mein Selbstbild als auch meine Welt: Ehemann starb, Schwangerschaft abgebrochen, Therapeut starb, Haus weg, Geld weg, Status weg. Die Teile konnten dann neu zusammengesetzt werden; dieses Mal offenen Herzens und mit einem entwickelten Blick auf mich selbst und der Existenz allen Lebens.

Erst wenn ich auf mein Leben schaue, wie es war und wie es jetzt ist, wird klar, dass die Veränderungen nun tatsächlich ihren Platz gefunden haben. Allmählich bemerke ich, dass der Strom negativer Gedanken erheblich nachgelassen hat, dass ich weicher und freundlicher geworden bin, dass da, wo ich gewohnt war mich zu verteidigen, ich jetzt lachen kann und wo ich gewöhnlich die Stärke von anderen suchte, ich nun aus meiner eigenen Kraft handele. Meine Wunden sind geheilt und meine Ängste sind überwunden oder ich kann mit ihnen leben. Meine hellen und dunklen Aspekte sind akzeptiert oder überschritten. Die Gegensätze in mir, solche wie die Ungeduld und die innere Gelassenheit, die linke und die rechte Gehirnhälfte, sind mehr in Balance. Das Öffnen meines Herzens ist selbstverständlich geworden. Auch mir selbst gegen-

Und so ist da das ergreifende Wissen, dass meine persönliche, spirituelle und schamanische Suche an ihrem Ende angelangt ist, verschmolzen mit der Erkenntnis, dass alles ein Ausdruck des Göttlichen ist. Vom Trauerprozess zum Eins-Sein. Mit Dankbarkeit und Ehrfurcht, in voller Hingabe dem Mysterium des Lebens.

Danksagung

Meine große Dankbarkeit gilt allen, die zur Entstehung dieses Buches beigetragen haben, ob direkt oder indirekt, sichtbar oder unsichtbar:

Bettina Jahnke für ihre Übersetzungsarbeit und großherzige Unterstützung zu allen Aspekten dieses Buches.

Dr. Thera van Osch für ihre Ermutigungen und herzliche Gastfreundschaft in ihrem inspirierenden World House Wetten.

Bernd Claßen für seine fachlich kompetente Korrektur.

Franz Engelen und seine Mannschaft vom Pagina Verlag und B.O.S.S Medien für gewissenhafte Arbeit und Professionalität.

Peter Schlebusch von der Buchmanufaktur Kevelaer für seine hilfreichen Hinweise.

Meinen Guides und Helfern im Hier und Jetzt, meinen Klienten und insbesondere meinen beiden Seelengeschwistern Barbara Ellen und Huib ter Haar.

Impressum

©2015 by Astrid Marx und Pagina Verlag GmbH, Goch

Übersetzung: Bettina Jahnke
Textbearbeitung: Bernd Claßen
Titelfoto: Sunny Gardeur

Alle Rechte vorbehalten

Herausgeber: Astrid Marx und Pagina Verlag GmbH, Goch
Druck und buchbinderische Verarbeitung:
B.O.S.S Medien GmbH, Goch

Printed in Germany

ISBN 978-3-944146-78-2